新潮新書

春日太一
KASUGA Taichi

市川崑と『犬神家の一族』

644

新潮社

はじめに

映画監督・市川崑は二〇一五年、生誕百年を迎えた。本書はそれに合わせて、改めて市川崑演出とその作品の魅力を検証している。市川崑ファンはもちろんなのだが、彼の演出や作品が苦手な方やあまり興味のない方にこそ読んでいただきたいと思っている。

市川崑の演出に関しては筆者自身、長いこと乗り切れない時期があった。実はつい最近まで、そうだった。

最初の出会いもよくなかった。一九七七年生まれの筆者が、物心がつき始めて映画を意識的に鑑賞するようになったのは八〇年代の終わりから九〇年代にかけて。この時期の市川崑は、『竹取物語』『つる』『天河伝説殺人事件』と、そのキャリアの中でも決して褒められた出来とは言えない映画を撮っていた。映画ファンに成り立てだった筆者は、「巨匠・市川崑」という名に釣られて映画館に足を運び、その度に後悔させられていた。

その後、十代から二十代前半にかけては名画座に足しげく通うようになり、そこで市川崑の往年の映画にも数多く触れた。それらが「名作」であり彼が「巨匠」と呼ばれるようになったことは、たしかによく理解できた。それでも「好きか」と聞かれると、首を捻らざるをえなかった。

筆者の好みは、『仁義なき戦い』の深作欣二や、『鬼龍院花子の生涯』の五社英雄といった、激しいアクションや情念をほとばしらせる監督。市川崑の徹底してクールでスタイリッシュな演出は、どうしても受け付けることができなかった。

それでも、『木枯し紋次郎』などの時代劇や『犬神家の一族』などの金田一耕助モノにはドップリとハマり込むことができた。時代劇の本来もつ泥臭さや金田一モノのおどろおどろしさが、市川崑の演出を程よく中和してくれたのだろう。

その後、大学院に進学して時代劇の研究をすることになった筆者は、取材のため京都の撮影現場に通うようになる。その時にお世話になったのは「映像京都」というプロダクションで、そこのスタッフたちは勝新太郎、五社英雄、そして市川崑と数多くの名作を作りあげてきた。筆者は彼らから当時の撮影エピソードを聞いて回った。勝や五社に関しては、映画への熱い想いや魅力的な人間像までうかがい知ることができた。が、市川崑に関しては、そうではなかった。細部までこだわり抜いた演出をしてきたことはよく分かったのだが、「それ以上の何か」までを感じることはできなかったのだ。

個人としては「乗り切れない監督」、研究家としては「つかみ切れない監督」。それが、筆者の中での市川崑への評価であり続けてきた。そのため、旧作邦画を紹介することを生業にするようになってからも、これまで市川崑についての言及は、あえて避けてきた。

二〇一五年、市川崑生誕百年を迎えるにあたり、WOWOWが市川崑の映画を一挙放送することになり、インターネット番組『WOWOWぷらすと』で市川崑特集が組まれ、筆者に出演依頼が来た。この番組は、毎回一つのテーマを二時間近く徹底的に掘り下げて語る構成になっていて、筆者も頻繁に出演させていただいてきた。

「市川崑について、一人で二時間語る自信はない」最初はそう思って断ろうとしたのだが、「ここで逃げては映画史研究家の名が廃る」と訳の分からないプライドが頭をもたげ、引き受けることにした。「改めて市川崑を見つめ直すことで、自分の中にある彼へのわだかまりが解けるかもしれない」そんな予感があったことも、たしかだ。

そして、実際にその通りになった。森遊机による市川崑へのロングインタビュー本『市川崑の映画たち』（ワイズ出版）を読み進めつつ、視聴可能な作品は全て観ながら、市川崑ワールドを徹底して検証した。そして、あることに気づいた。

今、日本の娯楽映画の多くは面白くない。その要因は、心情の全てを語りつくす饒舌な脚本、凡庸なキャスティング、テンポの悪い演出と編集……といった点が挙げられる。今回の検証をしているうちに「市川崑の演出にこそ、その打開策がある」そう思えてきたのだ。俄然、燃えてきたのと同時に、その作品が好きになっていった。

検証の結果を番組で披露したところ、満足度調査で視聴者から高評価を得ることができた。そして、番組視聴者や関係者から書籍化を求める声が出てくる。調子づいた筆者は、新潮新書の担当編集者・金寿煥氏に書籍化を打診、二つ返事で了解をいただいた。

ただ、それだけでは書籍としては心もとないのでその後、同じく『WOWOWぷらすと』にて「『犬神家の一族』だけを一人で二時間語り尽くす」という特集を敢行、これも書籍に加えることにした。さらに、金田一耕助役をはじめ多くの市川作品に出演してきた石坂浩二氏に取材、撮影現場の実際を特典的に語っていただくことにした。これが二万五千字に及ぶ大インタビューとなったことで、ただの特典にとどまらない、検証の結論ともいえる内容になった。「最後に金田一が登場し、筆者の抱いていた市川崑の謎を解き明かす」そんな結果になったように思え、なんだか嬉しくなった。

ただ、一つだけ計算違いがあった。既に番組で語った内容をまとめて書籍にするわけだから、書き下ろし中心で来たこれまでの拙著に比べて作業は楽になるだろうと思っていた。が、そうではなかった。

話した内容を文字に起こして読んだ際、全く面白く感じられなかったのだ。「話を、耳で聞いて、面白い」と「文字を、目で読んで、面白い」は異なることだということに気づかされた。そこで、「目で読んで、面白い」書籍にすべく、全面的な再構成と加筆をすることになった。恐らく、内容の半分近くは「書き下ろし」になっていることと思われる。そのため、本書は「です・ます」調という「語り下ろし」のような文体ではあるが、実際には「『語っている』ような体裁で『書いた』」文章だったりする。

筆者は、今回の検証を通じて市川崑の魅力に気づくことができた。それがどのようなものかは、全て本書に込めたつもりだ。本書を通じて、多くの読者と、想いを共有できたらこの上ない幸いである。

二〇一五年　十月

市川崑と『犬神家の一族』 目次

第一章　市川崑の監督人生

多岐にわたる仕事ぶり

第一章では、市川崑の演出スタイルや美意識について、作品の変遷と照らし合わせながら検証していきます。

まず、撮ってきた作品のジャンルを眺めてみると、驚くほどに一貫性がないことに気付かされます。『犬神家の一族』にはじまる金田一耕助シリーズなどのミステリー、『日本橋』『炎上』『破戒』『細雪』といった文芸作品、『ビルマの竪琴』『野火』などの戦争映画、『黒い十人の女』『私は二歳』といったブラックコメディ、『木枯し紋次郎』『股旅』などの時代劇、『火の鳥』『竹取物語』などのＳＦ……実はありとあらゆるジャンルの映画を撮ってきました。

それでいて、自分から発信した企画は意外と少なかった。『ビルマの竪琴』『黒い十人の女』『破戒』『私は二歳』など、自らの企画による作品は十本もありません。ほとんどが依頼された企画でした。しかも、依頼されると基本的に「はい」と言って受けるタイプの人で、たとえば『炎上』『東京オリンピック』『犬神家の一族』など代表作のほとんどは、実は「頼まれ仕事」だったりします。

そこには、彼自身の映画に対しての基本的なスタンスが通底していました。『成城町271番地　ある映画作家のたわごと』（市川崑・和田夏十、白樺書房、以下『成城町』）に収録されたエッセイで、次のように語っています。

「映画の魅力はそこにあるんじゃないですか？　芸術の華たり得る武器を持ち乍ら、膨大な資本のがんじがらめにあって、芸術に昇華出来ぬ所。これを変転極りない世相と密接に関連を保ち乍ら合致させる事が出来たらと思うと身の内がゾクゾクします」

ジャンルに一貫性がなく、依頼された企画はなんでも受ける。こういうスタンスの監督を、通常は「職人」と呼び、彼らは「巨匠」や「アーティスト」とは一線を画した評価をされることになります。でも、市川崑はそうではない。

というのも、その依頼を受けた後が他の「職人監督」とは違っていた。通常「職人監督」とは、「どんな企画でも及第点の出来で作っていく手堅い監督」を指します。どんな企画でも受けて、絶えずアベレージの出来映えで大衆性ある内容にしていく。その代わり、余程のマニアでないとその監督ならではの特色は見えてこない。「職人」とはそういうタイプの映画監督です。でも、市川崑はそうではなかった。

彼は来た依頼を次々と受ける一方、その受けた依頼を自分の色に染めて観客に提示していきました。仕事を受ける段階では職人気質でありながら、アウトプットはアーティスト。同時代の他の映画監督たちと比べても、日本映画界では変わり種の監督だったと言えます。

弱い男、強い女

ただ、一見すると一貫性がないように見える市川崑のフィルモグラフィですが、実はその演出におけるスタンスには一貫している部分が多くあります。

まず、作品に出てくる人物像です。映画に登場する男性キャラクターに逞しかったり勇ましかったりするような、力強い健康的ヒーローは一人もいません。みんなウジウジ・ナヨナヨしているか、飄々としている。どこか内気で不健康で、他人と心の裡《うち》を明かして付き合うようなことをしたがらない。だから、熱い友情とか正義感を前面に出すことは決してない。一言で表すと「ナイーブ」な男たちです。その一方で、登場する女たちの多くは、巨大な理不尽に立ち向かったり、ドライな現実観で世の中を渡り歩いていったり……、強く逞しく、バイタリティにあふれている。

市川崑の代表作の多くでは、そんな「ナイーブな男と逞しい女」との間で繰り広げられる戦いが描かれています。『ぼんち』の主人公は、伝統を守ろうとする強烈な女系社会を飄々と生き抜く。逆に『細雪』の男たちは、バイタリティあふれる旧家の四姉妹に翻弄される。『黒い十人の女』は、自らに復讐しようとスクラムを組んで向かってくる妻と九人の愛人たちと、その包囲網を軽妙にかいくぐっていく男との主導権の取り合いの物語でした。金田一耕助シリーズもそうです。理不尽な状況に苛まれ、その状況を打破するために犯罪に手を染めることになった女たちの前に、ふらっと現れた名探偵・金田一が飄々と立ちはだかる。

こうした男女観には、彼自身の生まれ育った家庭環境が大きく影響していると考えられます。市川崑は幼い頃に父親を失い、母親一人で育てられた。しかも、姉が三人、男は自分一人という女系家族に育っています。その上、家族で市川崑が最もひ弱だった。
市川崑は自身のことを次のように語っています。
「僕はごらんの様に色も生っ白いし骨格も貧弱だし身体も頑健な方ではないので、従って性格も柔弱な温順な男なのです」（『成城町』）
市川作品に登場してくる男たちは、自身の分身とも言えるのです。

アニメーター出身

市川崑の映画を語っていく上で欠かせないことがあります。それは、彼がアニメーター（アニメの原画描き）の出身であるということ。これは当時の日本映画界では本当に珍しかった。そして、彼をアニメに向かわせた理由も、幼少期に起因しています。

市川崑は一九一五（大正四）年十一月二十日の生まれです。彼の幼少期は時代劇が大ブームで、多くの少年はチャンバラごっこや時代劇スターの描かれたメンコ遊びに興じていました。が、彼はそうではなかった。当時を次のように振り返っています。

「幼ない頃は映画の世界に入ろうなどとは夢にも思っていませんでした。身体が弱くて、絵を描くのが非常に好きだったものですから、画家になりたい、そう思って暮していました」

「生れつき身体が弱くて、ほかに遊びようがないから家の中で絵を描いていたのが、いつの間にかそれに熱中するようになったのでしょう。画用紙とクレヨンを与えておけば不思議とおとなしい子供だったようです」（『成城町』）

同時に市川崑少年は映画の虜にもなっていく。そんな時に、ある運命的な出会いを果たすことになります。

「好きな絵と映画が、うまく結びついた仕事は何かないかな、と思うようになったのです」「ウォルト・ディズニーの『ミッキー・マウス』と『シリー・シンフォニー』を見た僕は、絵とフィルムが極めて有機的につながっているのに感心しました。ふだん幼稚な形ではあるけれど考えていた事を眼前に見せられたのですから、よし自分も漫画映画を作ってみよう、と心に決めたのです。ウォルト・ディズニーが僕の人生に一つの眼を開かせたと云えるかもしれません」（『成城町』）

そして一九三三年、京都の「J.O.スタヂオ」という映画スタジオのトーキー漫画――今で言うアニメーション――の部門にアニメーターとしてコネで入社します。

ここでは数人のスタッフでフルアニメを製作していたのですが、実写映画の需要が高まってきたので、スタッフが一人抜け、二人抜けとなっていって、最後は市川崑一人になってしまう。彼はそういう中で『新説カチカチ山』（一九三六年完成、公開日不詳）というアニメを撮るのですが、これは十分ほどの作品で、脚本、作画、撮影、監督、編集を一人で全部やっている。映像としては、デフォルメされた流麗な動きでキャラクターが走り回っていて、ディズニーの影響がストレートに出ている作品です。

ただ、スタッフが一人しかいなくなったのもあって漫画部は閉鎖、市川崑は実写の助監督になります。そして、戦争中に作った幻の実写デビュー作が『娘道成寺』（一九四五年完成、未公開）でした。ただ、これは実写とは言っても被写体は人間ではありません。操り人形による人形劇でした。

この映画を観ていると驚くのが、この段階で既に後の「市川崑らしさ」が垣間見られることです。

後で詳述しますが、市川崑は原作ものを映像化する際、自分なりの解釈を加えて大胆に脚色していきます。特に古典を扱う際は、かなり現代的な視点を加えている。『娘道成寺』は、日本舞踊の演目として知られる古典です。姫が大蛇に化けて鐘を壊しにやってくるという寓話的な話なのですが、それを大きく変えている。鐘を作っている若者と、自らの命を犠牲にしてそれを助けようとするお姫様のラブストーリーという、現代的なアングルに古典を脚色しているのです。

映像的には、シルエットの使い方が特徴的です。市川崑の映画は基本的に、人物の影の使い方にヨーロッパ映画的なスタイリッシュさがあります。たとえば夜、人が歩いていたら向こう側の壁にその人間の影が大きく映し出されて一緒に動いていたり……、というような影絵的なシルエット。これを市川崑はよく使いますが、既に『娘道成寺』の段階で人形を使ってそれをやっていました。

人為的な画作り

市川崑の映画を観ていて気付かされるのは、人間にも景色にも躍動感がないことです。「動」的なものを全て解体して、一枚の画として「静」的に提示している。彼は世界や人間を「画」として捉えているのではないかとすら思えてきます。

また、市川崑の映画では人間も景色も「自然のまま」映し出されることはありません。偶然性を排除して、画の隅々まで徹底的に作為的に自分の手を入れて、計算された意味を行き届かせている。役者を正面から長回しで映したり、美しい景色をそのままに撮るということはしません。そこに絶対に何らかの映像的な仕掛けを施している。

代表例が、一九六三年の時代劇『雪之丞変化』です。特に印象的なのはナイトシーン。通常、時代劇のナイトシーンは月明りや提灯などを使って情感あるシルエットを映して、江戸の情緒を出そうとします。が、市川崑はそれらを徹底的に排除しました。

夜の路地は背景も何もない真黒な空間で、役者の顔に一閃の照明が当たるだけ。あるいは、ワイド画面の左右に長々と一直線に白壁を走らせ、その上下を黒く潰す。自然に関してもそれは同じで、林のシーンでは枝も葉もない不自然で不気味な木々が背景に連なっている。屋内でも、金に近い黄色い照明を背景に当てて異様な空間を作り出していく。全てが、人為的なグラフィカル空間として映し出されているのです。

大原麗子を起用して人気を博した「サントリーレッド・オールド」など、市川崑は数多くのCMを撮っていますが、こういう発想だから上手くいった。情よりスタイリッシュさにこだわるからこそ、1カットで人目を引くことができるキャッチーな画を作れました。しかも、それを市川崑は二時間の映画でもやってきたのです。

これも、市川崑が絵を描くのが好きなことから始まり、アニメ出身で、しかもディズニー映画の世界を理想としてきたからと言えます。映像に対しての根本的な発想としてあるのは、「ありものを撮る、映す」という感覚ではありません。「一枚一枚の画を描いて、それを繋ぎ合わせていく」という発想なんです。つまり、アニメの技法です。市川崑にとって映像とは、たとえ実写映画であっても「撮る」ものではなくて、「作る」ものでした。そのため「ありものを映す」のではなく、「ゼロから画を描く」という演出アプローチになっていきます。

コンテの順守

ただ、実写映画は人間の手で画を描くアニメと違い、全てを思うままにコントロールすることはできません。どうしても天候や物理的制約など現場での要因があるので、当初のイメージに対して妥協が必要になります。

あるいは、現場に入ってからの景色や人間の動きを見ることで、新たなインスピレーションを得て演出していく、という監督も少なくありません。でも、市川崑はそうではなかった。あくまで、撮影前に準備した絵コンテのイメージ通りに映像を構成することにこだわりました。本人は次のように言っています。

「本来から云うとコンティニュイティ（撮影台本）は、セットのデザインが出来上っており（セットのミニチュアがあれば更に良し）俳優さんなどと具体的にリハアーサルをやってからでないと出来ない筈のものです。それをしないで現状みたいな制約のなかで作っているコンテは単なる現場処理の手段に過ぎません。ですから現場でコンテが変わるのが本当です。然し私はコンテ通り出来るだけ撮るようにしています。少し変えれば全部変えなくてはならないようになるもので、それより、考えていた事を一応徹底させた方が良い場合が多いからです」（『成城町』）

そのため、役者へのアプローチも独特のものがありました。「動いている人間を撮影する」というのが通常の映画監督ですが、市川崑には「一枚一枚の画を繋げて動いているように見せる」というアニメ的な発想が根本にあります。役者もまたその「一枚の画」の中の被写体の一つでしかない。そのため、たとえば五社英雄や深作欣二といった監督のように役者を自由に動かしてその躍動感を映すようなことは決してしません。

『炎上』『鍵』『吾輩は猫である』など、数多くの市川崑作品に出演してきた仲代達矢によると、監督の狙いをすぐに読み取れる役者にはあまり指示をしなかったものの、そうでない役者に対しては目線の角度・手の置く位置・動きのスピードといった細かい部分まで自分自身のイメージを伝え、その通りに動かしたということです。

当時は新進の若手俳優で、テレビ時代劇『木枯し紋次郎』（一九七二年）で主演に抜擢された中村敦夫は、その時の市川崑の演出を次のように語っています。

「市川さんは画から入るんですよ。あくまで自分のイメージが最優先にある。だから、演出も感情的な背景の説明はなくて、『そこで上を向いて立ってろ』と画としての指示しかしません。自分は何で上を向くんだろうかは分からない」

また、そもそも紋次郎に中村敦夫を抜擢した理由も画的なイメージによるものでした。紋次郎は渡世人なのですが、従来通りの衣装では画として面白くないと思った市川崑は自らデザインして、通常より大きな三度笠とロングコートのような道中合羽を用意させた。その衣装が似合うのはスラッと背が高い役者……という条件で中村敦夫に行き当ったといいます。また、口に長楊枝をくわえさせたのは、ただスラッと縦に細長いだけだと単調なシルエットになると判断して、横方向のメリハリが必要だという、これもビジュアル的な意識によるものでした。

役者の芝居に合わせて映像を作るのではなく、自分のイメージに役者を合わせる。その線引きは、いつも厳然としていました。

映像に色を塗る

ここに、一枚の絵コンテがあります（次頁）。

これは『帰って来た木枯し紋次郎』（一九九三年）という、『木枯し紋次郎』の続編の市川崑直筆の絵コンテです。これを見てもらうと、彼のこだわりが凄く分かる。

構図を細かく決めているということと、ディテールにこだわっていることです。よく見ると、紋次郎は口に楊枝を絶えず差している。楊枝の向きとか角度とか、振り向いた時に一枚の画の中で楊枝がどこにあるかとか、それも全て指定してある。

もう一つ特徴的なものがあります。それは、色が塗られていることです。実写映画の絵コンテに色まで塗る監督は、同じく画家志望だった黒澤明などわずかしかいません。

この絵コンテを見てみると、たとえば背景の柱に色がついていて、その一部の色がにじんでいるのが分かります。このにじみも、実際にセットで柱を作る時に、「こういう色味でやってくれ」「ここに汚しを入れて」という指定なのです。C－9やC－17もそうです。背景に関しても「グレーがかった色味でやろう」とか、絵コンテの段階で色を細かく決めている。

そして撮影にあたっては、セットや小道具はもちろん、ロケ先の景色や建物ですら、

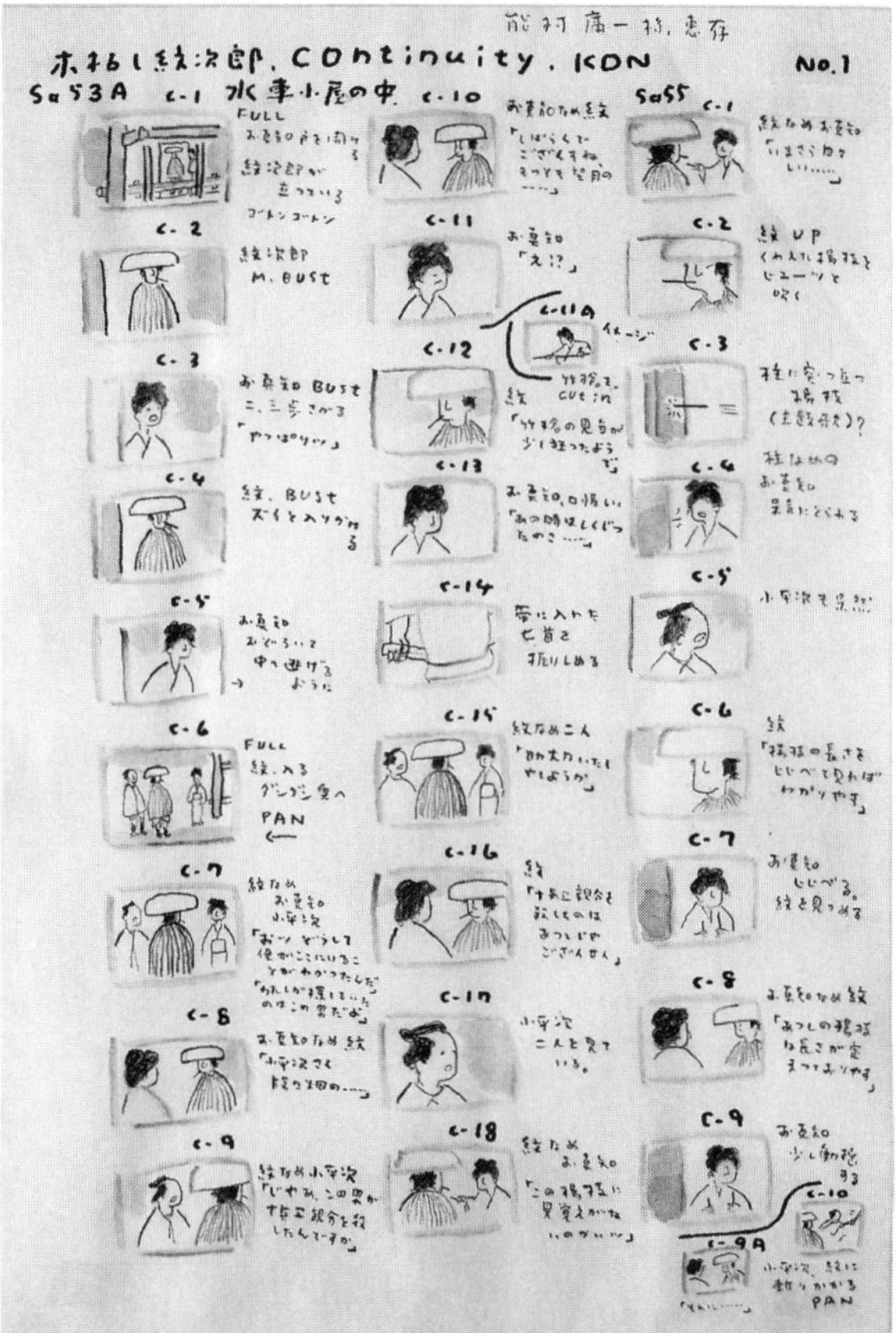

『帰って来た木枯し紋次郎』の絵コンテ（能村庸一氏提供）

自分のイメージしていた色と合わなければ、妥協してそのまま撮るようなことは絶対にしません。それだけ、「色」のもたらす映像効果を重要視していたということです。景色・背景を映す時も同じく人為的な仕掛けを濃厚に施しています。ただロケに行って、その景色を美しく撮るだけではなくて、さらにそこに自分なりの色をつけています。最初のカラー作品『日本橋』（一九五六年）で、彼の色に対する考え方はハッキリと出ています。「全てを作り物の色で表現しようと思った」という。ありのままの色を全く使わずに、柱、鴨居、たんす……日本家屋にある全ての小道具に泥絵具を塗っていってグレーにしました。

これもアニメーションの発想です。アニメには「色彩設定」という役割があり、そこで場面に応じた配色をしています。市川崑はこの考えを実写に持ち込んだのです。美術、照明、撮影……そうしたフィルムの色合いを作っていくスタッフたちに、それぞれのパートの技術をもって新たな色を塗らせていく。

テーマに合わせて、配色も大胆に変えているわけです。アニメをやっていたから、映画は「一枚ずつの画の集積」という考えが根底にあったのでしょう。だから、「背景に色を塗る」という発想にも行き着いた。そのため、市川崑の作品はどれも、作品ごとに独特の色合いをしています。白黒映画でも、それは変わりません。たとえば『炎上』（一九五八年）では、断崖での影のでき方に納得がいかず、岸壁に墨を塗らせています。

カラー作品になると、さらにその傾向は強まります。撮ってきた映像に対して新たに人工的に彩色していくこともありました。『おとうと』（一九六〇年）では、当時世界最高峰の技術を持っていた宮川一夫カメラマンに無理を言って、撮影した後のフィルムに「銀残し」と呼ばれる特殊な現像加工をしてもらい、画面全体を灰色がかった配色にしています。その狙いを、市川崑は次のように語っています。

「色彩は特殊な実験をしてみました。ぼくの、こうした色彩に対する発想は、大正という時代を色彩でなんとか描写できないかと思ったからです。明治は外国の文化を取り入れて未来に大きなイメージをいだいた時代でした。昭和は、今日につながるなまなましさに満ちています。大正はその間にはさまれた、暗い、無風状態の一時代ではなかったでしょうか。ぼくは色を極端に押えてみました。灰色の中に光と影だけを強調してみました。このことは、時代を問わないで、人間関係をはっきりうち出すという意図にも結びつくとも思ったのです。もう一つの理由としては、ぼく達の不断の生活の中では色をあまり意識しないで暮しているようです。色を自然に感じているというわけです。その感じを、ワイド・スクリーンの空間に、再現出来ないかと云うことでした」（『成城町』）

こういった色彩へのこだわりに満ちた発言から、ただ「映像を撮る」のではなく「白紙にゼロから画を描く」というアニメ出身ならではのこだわりが見受けられます。

クールな人間描写

人間や背景を自分なりの色に染めていったのは、アニメ出身に由来する技法的な発想が大きいのですが、それだけではありません。市川崑は、こうも言っています。

「私のいうリアリティとは、客観的に物を見るということであって、現実のままの物を見るというのではないのです」（『成城町』）

客観的に世界を見つめる。これもまた、市川崑の演出の大きな特徴でした。「女系家族で育ったことによるキャラクター性」「アニメ出身ならではの人為的な画作り」と並んで、市川崑の一貫した演出スタイルとして挙げられるのが、「クール」。

これには二つ意味があります。「カッコいい」というのと「冷たい」。

たとえば先に挙げた画作りがそうです。人間の躍動感や自然の美しさを排除して、ビジュアルを優先して映像を構築していくということは、熱気を失う＝「冷たい」のと同時に、スタイリッシュ＝「カッコいい」ということになります。

そしてこの「クール」は、たとえば五社英雄監督の反対です。『人斬り』『鬼龍院花子の生涯』『吉原炎上』など、五社英雄は主観的な視点と熱い情念で世界や人間を捉えていきます。一方、市川崑は徹底的に三人称の視点から世界と人間を客観的に捉え、決して熱くなることなく冷めたタッチで描く。

特徴的なのは、市川崑は「情」と名のつくものを全部解体していることです。熱情、感情、情念、情緒……「情」がつくもの全てを徹底して客観的に解体していった。

たとえば時代劇の殺陣《たて》。五社英雄は力一杯に刀を振るわせて剣豪たちの熱情を激しいアクションとして映し出す。ところが市川崑は、たとえば『雪之丞変化』では真っ黒い背景に刀の切っ先のアップだけを捉え、そこに照明を当てて妖しく光らせるだけ。また、『木枯し紋次郎』では、引きの画でしかもスモークをたいて、薄ぼんやりとしたシルエットの中に立ち回りを映し出します。「殺し」そのものの迫力や生々しさを描こうとはしませんでした。

「泣かせの芝居」をするシーンでも、それは同じです。

たいていの監督は、役者の芝居を正面からじっくり撮って、観客に感情移入させて泣かせようとします。でも、市川崑は違った。そういう場面でカメラを引いたり、茶化しているようなカットを挿入したり、ツッコミのようなセリフを外側から入れたり。どこまでも客観的というか、クールな目線で捉えて、観客が「ここで泣きたい」という場面で「そうはさせないよ」と言わんばかりに突き放してくる。「情に訴える感動」をさせないというのが、市川崑の美学でした。

具体的に言いますと、「泣かせよう」とか「人物の感情をしっかり見せよう」と思ったら普通ならカメラは寄っていくわけです。寄って、その人の表情を見せる。ところが市川崑の映画は驚くぐらいに、感情が高ぶる場面で寄りのカットがない。

たとえば『おとうと』。最後にヒロインの最愛の弟が死にます。そこで家族が大泣きしているのに、カメラはその誰にも寄らない。凄く引いたところから撮っている。カメラが母親に寄って、その目から涙が流れる……といった芝居を寄りで撮れば、観客にとっては思い切り泣けるシーンになります。でも、市川崑はそれをやらなかった。そのぐらい徹底して人間の感情、情感、情緒というのを突き放していこうとしていたのです。

そのため、市川崑の映画に登場する人物たちは主張を高らかに語ったり、感情を大きく爆発させたりするようなことはしません。また、感情が発露する場面になるとカメラが引いたり、カットを細かく割ったりと客観的な視点に転じ、容易に感情移入させてくれません。そうした描写にも、市川崑の美意識が強く根付いています。

「生硬な叫び、かたくるしい説教、おしつけがましい思想啓発、深刻ぶった人生観を、スクリーンから見たり聞いたりするのは、まことに迷惑なことである」(『成城町』)

ルビッチを目指す

彼の描写が徹底的にクールであり、「情」を解体していったのは、客観性を求めたためだけではなかったように思えます。市川崑の作品を観ていると、問題意識として「日本の土着性から脱却したい」という感覚が浮かび上がってきます。市川崑は一貫して「モダニスト」でした。つまり、日本の土俗的・土着的な世界ではなく、近代的で合理的な世界を求めた。

実際、市川崑は『市川崑の映画たち』(市川崑・森遊机、ワイズ出版、以下『映画たち』)でのインタビューにて「日本人は映画的ではない」と言っています。それでは、この「映画的ではない」とは、どういうことでしょう。

彼がまず挙げているのは、「会話」です。

市川崑が映画の世界に魅了されるきっかけは、ディズニーだけではありませんでした。少年時代、市川崑は、エルンスト・ルビッチの映画に惹かれていきます。ルビッチは、「ソフィスティケイティド・コメディの旗手」と言われた映画監督です。コミカルな動きや素っ頓狂な常識外の言動で笑わせるのではなく、ウィットに富んだ会話と緻密な物語構成によって知的な笑いを展開していく。そのため、人間の描写は必ず乾いたクールなものになっています。

このルビッチの会話のタッチこそが、市川崑の目指した「映画的」でした。そのためには、日本人特有の「情に訴えかける会話」は邪魔になる。だから、徹底的に客観化して解体していったのです。

実際、映画化には至りませんでしたが、彼は後にルビッチの作品でも最も愛していた『生活の設計』の日本版リメイクを試みています。当時の市川崑の狙おうとした会話のタッチを具体的に知っていただくため、筆者の手元にその幻の作品の台本があるので、そこから会話の一部を引用してみます。これは医学生の若者＝時彦と、その妹＝幽子との間で交わされるやりとりです。

時彦「うんざりしたんだ。インターンで毎日病院へ通つて……」
幽子「毎日通つて　ないようね。」
時彦「意識的に怠けているんだよ。一体何の為に僕は医者にならなければならないのか！」
幽子「人類愛。」
時彦「ふん、人間が人間をモルモットにする時代なんだぜ。僕は人間が嫌いだ。この家の誰も彼も嫌いだ。お前も嫌いだ。」
幽子「そう。私、よく分るわ。」

＊

時彦「……お前サルトルを読んだことあるかい？　一人の女が偶然僕を産んだからつて、僕が彼女に従つて消極的な生活を送る必要はない筈だ。母親つて奴は、世界中至る所で産んでやがるんだ」
幽子「誰かゞ、それを止めるべきだ。」
時彦「ちがうよ。僕の云いたい事は……つまり物事は積極的にやれという事さ。家庭が気に喰わなかつたら出て行く。誰かの情愛がそれを邪魔したら、乗り越えて進み、ふみつぶす」

幽子「私の読んだサルトルとは少し違ってるようね。本当云うと、私、今日の午後には自殺する積りなの。」

時彦「ほんとかい？」

幽子「えゝ。」

時彦「ふうん、偉いなあ。僕は何時もお前を尊敬してたつもりだ。僕も目鼻がついたらお前に会いに来るよ。」

幽子「きつとよ。会いに来てね。」

時彦「うん。きつとだ。」

たしかに、ウィットのある笑いを込めようとする狙いが伝わる会話になっています。ただ、市川崑自身は上手くいったとは思っていないようです。それは、この台本の字面を声に出して読んでいただくとよく分かると思いますが、こうしたウィットに富んだ会話のタッチは、英会話のリズミカルさがあるから楽しく聞こえてくるのであって、日本語のリズムだと、そうはいかない。どこか理屈っぽく、まどろっこしくなる。

「僕は監督になる前から、日本語のリズムというのは、あまり映画向きじゃないと思っていたんです。英語やフランス語と違って、良くも悪くもゆったりしてるでしょ。（略）監督になったら従来のリズムを、いっぺんでもいい、打ち壊してみたいと思っていた」（『映画たち』）

市川崑は、そう言っています。その一方で、「僕の狙ったスピーディーな映画、つまり、テンポのある映画を日本映画でやるのは並大抵のことじゃない」（『映画たち』）とも言っています。

会話内容の表面だけを英会話に近づけても、結局のところ日本語である限りその面白さを表現するのは難しかったということです。

日本流喜劇への不満

監督になった初期の頃は、あえて欧米のリズムで日本語の会話をやってみようとしています。たとえば『結婚行進曲』（一九五一年）『足にさわった女』（一九五二年）では、とにかく役者にスピーディーにしゃべらせています。マシンガンのようにダイアローグの応酬をひたすらやっていくことで、日本映画のリズムを壊そうとしていくわけです。

たとえば英会話だと、「Aだ」ということを表現する時に、「Bでないことを祈りたい」と、ちょっとこじゃれた言い方をします。これは英会話のリズムで聞くとおしゃれに聞こえてくるのですが、これを日本語で言うと、今書いたようにクサくなるし、まどろっこしくなる。どうしても、日本語の響きは泥臭い。「情」を表現するのには適していますが、ウィットを表現するには不向きでした。

もちろん、こうした日本的な「情」に根ざしたコメディ映画も、日本では数多く作られてきました。『男はつらいよ』などに代表される、「笑いの向こうに涙があり、涙の向こうに笑いがある」喜劇映画。これが、日本映画の主流となるコメディのスタイルです。ウィットには乏しくとも情感は豊かな日本語には、適した表現形式といえます。

でも市川崑は、そうした情に訴えかけるコメディには不満がありました。

「笑いにはハートというか、心の笑いと機械的な笑いと二つあると思いますね。心の笑いというのはハートに訴える事を前面に押し立てた笑い。機械的な笑いというのは情にからまなくとも笑いを醸成する笑い、と云う訳です」

「僕は心の笑いよりも機械的な笑いの方が近代的なテンポがある、同時にリアリティがあると思っています。人間を内側から心理的に追っかけて行くやり方では現代のテンポは出ない様な気がするし、縦横に寸断された現代社会の中を夢中で泳ぐ人間を描くには、個人と社会を外側から同時にとらえる方がリアリティが感じられるのです僕には」（『成城町』）

つまり、市川崑がやろうとしたのは、日本人特有の性質に根ざした、伝統的な日本映画の技法に対する挑戦でした。その象徴として「ハート」つまり「情」があり、その非近代性をなんとか現代的に解体しようとします。だが、どうすれば上手くいくのかは見えないでいた。

それでもなお、どうやってこの日本映画の持つ壁、そして日本語のテンポの壁というものに挑戦していくかという実験を諦めずに続けていきます。そして、その解答を得ることになったのが一九七六年の『犬神家の一族』でした。これについては、次の章で詳しく述べます。

「陰性」の演出

市川崑が、「日本人は映画的ではない」その要因として挙げているのが、「態度」でした。外国人は会話の身ぶり手ぶりが大きいので、正対してセリフをやりとりしているだけの芝居をやっていても画面に動きがある。でも日本人の場合、語る時にあまり動きません。だから、特に会話の場面では画が動いてこない。

市川崑の言う「映画的」の基本にあるのはディズニーとルビッチです。キャラクターが流麗に動き、おしゃれな会話が交わされる。これが市川崑の中での「映画的」です。ですから、日本語の泥臭さ、日本人の動きの硬さは「映画的」とは思えなかった。会話も動きも、日本人は「映画的」ではない。だからといって表面的に欧米人のマネをしても上手くはいかない。そこで市川崑は、日本人の根底にある「情」を徹底的に解体してクールに突き放して描くことで、会話のまどろっこしさを補完し、日本人と日本的な世界を「映画的」にしようとしたのだと思います。人間を客観的に突き放して人為的な画作りをすることで、動きの硬さを補完する――ということです。

こうした、正面から事物を捉えない技法を市川崑は「陰性」と呼んでいます。そして、そうした演出をしたがらない日本映画の潮流、日本人的体質に対して不満があった。

「日本映画では陰性をあまり取りあげていないようだ。たとえば、人を殺す場面でも、銃をかまえて、殺すぞ、殺すぞ、ダーンと撃つというような工合だが、陰性というのは、殺人を犯すときでも、あなたは大変やさしい、いい人だ、私はあなたに大変好意を持っているといいながら、ツッと殺すというようなやり方だ。欧州映画などにはそう云った風なものが多いが、日本映画の場合は、国民的体質というか、正直すぎるのだろうか。言葉が全部なまで、言葉通り行動する。『私は帰ります』といって帰ってしまう。『私は帰ります』といって、いつまでもそこに座っているというのはあまりない。そこになんともいえない複雑な陰影があるのだが」（『成城町』）

同時代の監督を比較してみると分かりやすいのですが、『二十四の瞳』『喜びも悲しみも幾歳月』などを撮ってきた木下恵介はテーマ設定と映像の撮り方、この両方で「日本的」であるということにこだわった。『七人の侍』『用心棒』などで黒澤明は、撮り方もテーマも「日本的」から離れていくことにこだわった。市川崑はどうだったかというと、「日本的ではない技法」で「日本」を描こうとした監督だったと言えます。

その美意識は空間設計にもあらわれています。特に日本家屋を映す時に顕著で、他の監督の映画で重視される「情緒」や「情感」が、やはり徹底して解体されている。とにかく市川崑の映画では、襖や障子など日本家屋の背景が独特の映り方をしています。日本家屋というと、普通は「情緒のある、落ち着く空間」というイメージが強い。しかし、市川崑の映画に出てくる日本家屋は、なんだか落ち着かない感じがする。というのも、市川崑の目にはそういう情緒ある空間に見えていないんです。

「襖と、鴨居と、畳の線が作り出す日本間の美しさにはこだわっています」（『映画たち』）と彼は語っていました。たしかに日本家屋が映る場面を見てみると、直線と角で区切られている格子が絶えず背景に映り込んでいる。それは障子だったり、畳の角だったり、鴨居だったり、天井の梁《はり》だったり。全てが幾何学模様で映し出されている。

日本家屋を情緒ある空間として普通は撮るところを、そうしない。市川崑が撮ると幾何学模様で構成された異様な空間になる。日本家屋を撮っているのに映り方がスタイリッシュになっているのは、実は日本家屋のもつ幾何学模様を強調しているからなんです。

モダニストの市川崑からすると、日本家屋の情緒も余計なものになる。つまり、日本的な空間をそのまま映し出すと、クールな世界が壊れる怖さが絶えずある。だから、情緒的な日本家屋の空間を、幾何学模様で解体して無機的に提示したのです。

『ぼんち』（一九六〇年）にそれが最も出ていて、市川雷蔵扮する主人公の背景に異様なまでに幾何学模様が絶えず映り込んでいる。これが凄まじい圧迫感をもって観る側に押し寄せてくるので、作品世界の閉塞した雰囲気を出すのにピッタリでした。

盟友・和田夏十との出会い

こうした市川崑の「脱・日本的」でクールな視点での映画作りを語る上で欠かせない人物がいます。それが、市川崑の公私にわたるパートナーだった妻・和田夏十《わだなっと》です。

市川崑が所属していたJ.O.スタヂオは一九三七年、東宝に吸収されます。そして東宝では戦後、東宝争議という労働争議が起き、組合派と反組合派に分かれての大規模な闘争に発展しました。反組合派は新東宝という会社を作るのですが、当時助監督だった市川崑はこの反組合派に属していて、組合派を糾弾する声明を書いています。

『東京オリンピック』（1965年）の脚本打ち合わせをする、和田夏十（写真右）と市川崑（写真提供・毎日新聞社）

この東宝争議の最中にある女性と出会う。後の由美子夫人、つまり和田夏十です。この人がとんでもない才女だった。東京女子大出身で、東宝では英語の通訳をやっていた。市川崑監督の助監督時代のモチベーションは、「監督デビューしたらこの人と結婚する」ことでした。

それで一九四八年に『花ひらく』という映画で監督デビューするのですが、その原作を持ってきたのは、由美子夫人でした。「デビューしたら結婚したい」と思っていた、まさにその相手がデビュー作の企画を持ってきてくれたのです。そして無事に監督デビューを果たし、二人は結婚します。

ここから、二人三脚の映画作りの物語が始まっていきます。この章では以降、二人の映画製作がどのようなものであり、それがどう変遷していったのかを追っていきます。

デビュー二作目は『三百六十五夜　東京篇・大阪篇』（一九四八年）という作品です。これは新東宝からの頼まれ仕事でした。市川崑自身は「ひどい原作」と思ったけど、とにかく引き受けた。でも脚本を書いていても、面白くまとまらない。それで由美子夫人に相談した。すると彼女が、さらさらっとその場で書いて、「こうしたらどう？」と提案してきた。その台詞がとてつもなくすばらしかったそうです。「じゃあこのシーンも書いてくれない？」という具合に進めていったので、『三百六十五夜』は共同脚本になった。

そこから先は、「二人の共同脚本でやっていこう」ということになり、第三作『人間模様』（一九四九年）で共同ペンネームの「和田夏十」という名前を作る。『映画たち』によると、彼女はいずれ単独で脚本家になった時のペンネームに、この名前を使うつもりでいた。その時に女性らしい名前を彼女は使いたくなかったそうです。

当時はまだ女性の脚本家は珍しい存在でした。水木洋子ぐらいしかいなかった。だから女性脚本家というだけで注目も浴びる。でも、彼女はそれが嫌だった。というのも、「女性だからという目で見てもらうと評価が甘くなる」からというのです。「ちゃんと公平な目で作品を評価してほしい」。その意識があったから、性別の分からない名前にあえてしたというわけです。

この『人間模様』で、その後の基本的な人物造形のスタイルができていきます。つまり先述した「ナヨナヨした男とバイタリティあふれる女」の物語です。この映画の主人公はある女性と恋に落ちて、その女性に徹底して尽くす。ところが最後になって親友が「おれも彼女を好きだ」と言ったら、「ああ、どうぞ」って簡単に譲ってしまう。しかも本人は何とも思わない。

実はこの男のキャラクターを作ったのは夏十でした。「主人公の男は神様の使い、天使のようなキャラクターである」というのが彼女の考えでした。自分からガンガン行くのではなくて、フワフワしている主体性のない人間。物語を動かしているのは周りの人間。その関係性が市川崑は面白いと思って、その考え方に共鳴し、感化された。

そして、これが後の市川作品のほとんど全ての人物造形になります。つまり男たちは主体的に動くことなくウロウロしていて、女性たちがガンガンと前へ前へ動く。

都会派コメディの時代

監督デビューしてから初期の市川崑は試行錯誤の時期でした。うまくいかなくて落ち込んでいると、夏十が「こんなことで駄目になるんだったら、あんたは本物の監督じゃない」(『映画たち』)と言って突き放す。市川崑としては、家にいる才能豊かな奥さんにまず認めてもらわないといけない。しかも、絶えず奥さんからは面白い脚本が渡されるわけです。「さあ、あなた、これをどう撮るの」という感じで。市川崑の映画に出てくるナイーブな男たちが市川崑自身を投影した姿だとしたら、自ら何かに抗おうとする女たちは和田夏十自身を投影した姿だったとも言えるでしょう。

そういうやりとりの中で、「監督・市川崑」が向かうべき方向を夫婦で話し合います。和田夏十は優秀な脚本家であり奥さんでもあると同時に、プロデューサーというかマネージャーでもあった。『映画たち』によると、話し合った結果行き着いた先が、「〝間口広く、奥行き深く〟勉強しよう」ということでした。つまり「いろいろなジャンルに挑戦して、そしていろいろなジャンルを吸収してみましょう」と。

まず挑戦したのが、都会派コメディでした。先に述べたように、エルンスト・ルビッチに憧れ、その要素をなんとかして日本映画に持ち込もうと四苦八苦したのが、この時期です。プロットと台詞のウィットで見せていく都会的なコメディ映画を作っていく。

その狙いは、市川崑本人の憧れや美意識だけではなく、将来を見据えてのものでもあったようです。

「若い時分というのは、どうしても作品の中で叫びたくなるものですが、僕も、どうも叫び過ぎましてねえ（笑）。（略）喜劇を勉強すれば、そういうことを脱却して、本当の何かが探れるんじゃないかと思ってね」（『映画たち』）と市川崑は言っています。

どんな事柄も、笑いに昇華することで視点を一歩引くことができて、作り手と作品世界との間に距離が生まれる。それによって、「迷惑」と思っていた「生硬な叫び、かたくるしい説教、おしつけがましい思想啓発、深刻ぶった人生観」から自身を解放しようとしたのです。

何より和田夏十という脚本家が、このスタイルに抜群に向いていた。社会や人間を斜に構えて捉え、皮肉まじりに描いていく、というこの時期のスタンスは、基本的に和田夏十の価値観でもありました。市川崑は、「夏十さんは叫びたいことがあったら逆に表明する人だ」（『映画たち』）と言っています。

彼女には、理想論をいくら叫んだところで世の中は動かないという、醒めた目線が絶えずありました。こうしたコメディの脚本を書いていた時期、和田夏十は次のような文章を残しています。

「救われるのは私も望むところです。でも、それで世の中がどう変るでしょう。巨大な怪物の如き世の中はガンとして存在し続けるでしょう。人間同士の愛情が、絶望的な社会から人間を救うのだとは私には考えられなかったのです」

「私の感じている事、希望している事を書く為には、時には皮肉な眼をもってしか表現出来ないのです、今のところ」（『成城町』）

厳しく現実的に社会と人間を見る和田夏十。そのテキストを客観的に引いた視点からスタイリッシュに映像化していく市川崑。一九五〇年代から六〇年代初頭にかけて、このクール極まりない夫婦は、『ラッキーさん』『足にさわった女』『あの手この手』『青色革命』『天晴れ一番手柄　青春銭形平次』『億万長者』『満員電車』『黒い十人の女』『私は二歳』といった野心的なコメディ映画を連発していくことになります。

中でも際立っていたのが、社会風刺コメディです。この時期、市川崑も和田夏十も社会状況——特に経済成長に邁進するあまりに人間性が軽視される世相——に対して問題提起をしようとしていました。ただ、二人とも先に挙げたような価値観の持ち主ですから、真っ直ぐにそれを主張したくない。悲惨な状況を悲惨に描くのではなく、引いた視点から笑い飛ばすことで批判する風刺コメディは、恰好の表現手段でした。

一九五三年の『プーサン』は、風刺コメディ時代の代表作です。主体性の全くない予備校講師が、次々と現れる怪しげでイイ加減な人間たちに振り回されて転落していく様が、ひたすら乾いたタッチの中で描かれていきます。ただ、この主体性の無さこそが、現代社会への「レジスタンス」なのだと市川崑は述べています。

「つつましき庶民の混乱した社会に対する意識しないで行うはかないレジスタンスの現れである。

もっとも、レジスタンスといっても大げさなものではない。当の御本人は御存知ないのだから。ただ彼らが社会に漂いながら右往左往している姿を第三者が見るとき、そうとわかるのである。滑稽な味も、涙ぐましいほろ苦さもそれ故に生れて来る。ぼくはそういう意味で一人の善良な男が生きていく姿を哀しい眼でとらえたい。その男の行為のなかから生み出され社会への諷刺を第一として、新しい映画を創造したいと思う」（『成城町』）

キャスティングの妙

市川崑の映画の特徴を語る時に、もう一つ忘れてはいけないことがあります。それは、市川崑がキャスティングの名手だということです。

仲代達矢は『炎上』に出演した際、「映画というのは配役勝負だ。きみがどう演じるかは、おれが配役した時点で決まっているんだ」と言われています。市川崑自身もまた、キャスティングの重要性を次のように述べています。

「常々私はキャスティングをはじめた時には既に演出がはじまっていると思っている。演出者の意図をその肉体で具体的に表現するのが俳優だからである。キャスティングが終ったとき、演出は七十パーセント終っている。撮影現場でそれを技術的に統一する事があとの三十パーセントに残された私の仕事である」（『成城町』）

市川崑は配役について考え抜き、そしてこだわり抜いた監督でした。しかも、その配役の仕方が際立っていた。

普通は「この役者はこういうイメージの人だから、この役にキャスティングしよう」と、既存のイメージに合わせる形で配役はされていきます。それが市川崑は全く違っていた。従来のイメージとは異なる特性をその俳優から感じ取り、意外な配役を与えることで新たな才能を開花させる名手でした。

市川崑のキャスティングの妙は、一九五〇年代の都会派コメディ期から本格的に発揮されていくことになります。最初にその手法で成功したのは『プーサン』です。主人公を演じた伊藤雄之助は、それ以前もそれ以後も狂人の役ばかりやってきた役者です。それに対して、ここでは「主体性のないお人好し」という役を与えています。

伊藤雄之助生来の「何を考えているか分からない」という「狂った感じ」が、「お人好し」という役を与えられたことで「何もよく考えていない」人間として映ることになり、ひたすら状況に流されてしまっていくキャラクターに抜群の説得力をもたらしていきました。

キャスティングの妙に関しては、この後も折に触れて述べていきます。

それから、もう一つ上手かったのは役者の配置でした。

「どの役者にどの役を演じさせるか」だけではなく、役者同士をどう組み合わせてより効果的な相乗作用を生み出すか。このカップリングの妙も抜群でした。これも、同じくこの時期から炸裂し始めます。

特に『満員電車』(一九五七年)は印象的です。これは観ているうちに「登場人物みんな、常軌を逸しているんじゃないか」と思えてくるブラックコメディです。主人公を川口浩、その両親を笠智衆と杉村春子が演じています。この夫婦のキャスティングが見事でした。

最初は父親から、「お母さんが発狂してしまった。お母さんは急に笑い出すようになってしまって困っている」という手紙が送られてくる。実際に母と会ってみると、たしかに変なタイミングで急に笑いだしたりして、「あ、狂っている」と息子も思うようになる。ところが、今度は母親が「お父さんが発狂したの」と息子に言ってくる。「私が笑うのは、実はつらいことがあったら笑うようにしているから。あなたがいなくなってからつらいことばかりだから笑っているだけなんだよ」と。それで父に会いに行ったら、父は何も様子は変わっていない。「息子、よく来たな」と出迎える。ところが、その父のいる場所が精神病院なんです。

「いやあ、ここは居心地がよい。おまえもな、ここに来てみるといいよ。多分いろいろと発見することがあるだろう」。何も変わってない父が実は「発狂して」いて、変わった母は「発狂して」いなかったという、今なら許されないようなブラックジョークです。

見事なのは、杉村春子という変幻自在の演技でどんな役でもやれる、上手過ぎてどこまでが演技か分からない女優と、逆に何をやってもいつも変わらない笠智衆を対置していることです。つまり正反対の理由で二人とも、「演技か本気か見分けのつかない俳優」と言えます。

そんな二人を夫婦役に配置して、「さあどっちが『発狂している』のでしょう」と観客に問いかけてくる。どちらも演技しているように見えないから、観客にはどちらが「発狂している」か判断がつかなくなる。笠智衆は演技を変えられない人ですが、この変えられないということをうまく利用して、「一見すると何も変わってないけど、実は『発狂している』」というオチを可能にし、一方の杉村春子は「変わりながら実は『発狂して』いない」という難しい芝居をサラっとやってのけることで、観客へのミスリードを生み出している。つまり、キャスティングの組み合わせ自体が一つのトリックになっていた。

文芸映画の連発

一九五〇年代半ばから六〇年代にかけて、都会派コメディ映画と並行する形で市川崑は新たなジャンルに挑戦します。それが、文芸映画（文学作品を原作とした映画）。

このジャンルで市川崑が名を馳せることになったキッカケは、一九五六年の『ビルマの竪琴』でした。一九五〇年代は、朝鮮戦争があって日本は経済復興を遂げる一方、旧日米安保条約が締結され、自衛隊が編成されるなど、これからの日本の国防のあり方、国家のあり方をどうするかというのが、あらためて問われた時代でした。

そこで日本映画界では戦争映画、特に反戦映画が数多く作られていきます。『ビルマの竪琴』も、そんな一本です。そしてこの映画がアカデミー賞外国語映画賞にノミネートされることで、市川崑は一気に「大監督」に列せられるようになります。さらに同年の石原慎太郎原作『処刑の部屋』では、大学生たちによる薬物混入の集団強姦を描き、センセーショナルな話題を巻き起こしています。

それから市川崑は、文芸的な小説を映画化する監督になっていきます。その背景として、市川崑は新東宝を経て日活で『ビルマの竪琴』を撮るのですが、この時に日活と揉めて大映に移ったことが挙げられます。大映は文芸色の濃い映画を好んで企画する会社だったので、必然的に市川崑もそうした作品が増えていきました。

ただ、それだけではなく、「自分の人生だけでは、まだまだ経験が足りないと思っていたからね。いろんな作家の人生観を、もっと勉強したほうがいい」（『映画たち』）と自ら語っているように、作家的な野心もありました。これもまた、和田夏十の考えが反映したものでした。彼女は小説を脚色することの魅力について、次のように述べています。

「脚色は原作をバラバラに分解してそれを又組立直すので、読書などよりは数段原作に肉迫出来ます。波瀾万丈などとは程遠い私の日常生活は限られた枠の中でしかあり得ません。狭く深く掘り下げる事は出来ても広く経験する事は不可能です。他人の経験を喰って太ろうとは太い考えかも知れませんが、自分を空しくして他人の人生観に同化してみる事は、思いもかけない程の収穫をもたらすものなのです」（『成城町』）

大映での文芸路線の第一作目となったのが一九五六年の『日本橋』です。これは泉鏡花の戯曲が原作ですが、『映画たち』によると市川崑は最初「自分に合わないんじゃないか」と不安だったようです。それでも何とかうまくいったので、本人は「どんな素材でも映画になる」と確信し始める。そして、「『これは今までの自分と傾向が違うからやめとこう』、なんて言わずに、どんどん挑戦して」みようと、三島由紀夫『金閣寺』を原作に『炎上』、谷崎潤一郎『鍵』、大岡昇平『野火』、山崎豊子『ぼんち』、幸田文『おとうと』、島崎藤村『破戒』と、次々と文芸小説を映画化していきました。

映画化できない小説はない

これらの映画では、和田夏十が原作を徹底的に解体して現代的にアレンジし、それを市川崑がスタイリッシュな映像で撮っていく、という共同作業で進められていきます。ですから、出来上がったいずれの映画も、文学的というよりは現代的でクールな印象を受ける作品になっています。

映画と文学の大きな違いは何かというと、文学は文字媒体ですから観念的な内容であっても観客はそれを主観で捉えることができる。ところが映画は映像として映し出されるので、その表現は具体的であり即物的でなければならない。つまり、文学にある観念を映画はそのまま映し出すことはできない。映画を原作の通りに描くと、小説にある観念性は映像にはならないから、どうしても物足りないものになる。そこで具体的な描写にするための「コード変換」が必要になってくる。

そのため市川崑と和田夏十は、原作を批評的に捉えた上で即物的に脚色していきました。つまり、観念を切り捨てたのです。

では、具体的にどういうことをやっていたのか。

たとえば、『野火』（一九五九年）。これは南方戦線で兵士たちが飢えて、最後は人肉を食ってしまうという映画です。これについて、市川崑は次のように述べています。

「戦争は、人間から、知性というか個性というか、そういう大切なものをいっさい剝ぎ取ってしまう罪悪ですからね。もちろん『野火』は、そのことを生に訴えるんじゃなくて、戦争という悲劇を、徹底的に客観視しようとした」（『映画たち』）

やはりここでも「客観視」という言葉が出てきています。

原作では、飢餓状態の果てに迫られた人肉食への葛藤と罪の意識を描き、最終的には神との対話という観念的な描写に帰結させています。ですが、それを映像化するにあたっては、そうした主人公の内部でしか解決しえない観念的なことには触れず、引いた視点から主人公を捉えることにしました。「歯が悪いために人肉を食べることはできなかった」と脚色し、むしろそこに至るまでの飢餓の戦場での主人公の地獄巡りを具体的かつ客観的に描いていきました。

さらに顕著なのは『炎上』です。これは三島由紀夫の『金閣寺』が原作ですが、「美とは何か」ということを観念的に問いかけていく話です。大映の藤井浩明プロデューサーから依頼を受けた際、市川崑は一度は断っていました。当時の想いを次のように述べています。

「私は原作を読んで、これとは《ママ》ても私の手にはおえないと思った。小説『金閣寺』は、昭和二十五年京都金閣寺が一青年僧の放火で焼失した事件をヒントに、不具に近い青年の異常な心理をたどり、遂に国宝に火をつけるまでの経路を、三島氏独特の抽象的な言葉の魔術というか、絢爛たる文章でつづられた絶対美の追求という観念的なものである。文学としては第一級だと思ったが、そのまま視覚化すれば、ぶさいくなダイジェストになるだけだからと、企画部長D氏に辞退した」（『成城町』）

家に帰ると、そんな弱気を許さない人が待ち構えています。そう、和田夏十です。彼女の脚本家としての最大のモチベーションは「脚色」することにありました。

「私はオリジナル・シナリオを書きたいと思った事は一度もないのです。決してアマノジャクで申しているのではありません。私にもシナリオに対する夢はあります。脚色者、それも口はばったい云い草ですが、名脚色者と云われる者になってみたいのです」（『成城町』）

そして——脚色できない小説はない——彼女はそう言い切っています。

「私はおおよそなんでも映画になるんじゃないかと思っています。映画とはそれ程融通無礙の表現形式であると信じます。深刻な心理劇はもとより哲学でも映画に出来るかもしれません。映画に出来にくかったり映画に出来ないと云われたりするのは、まだそれが成功する方法が見つけられていないからだけの事でしょう」（『成城町』）

脚色に対して絶対の自信をもつ脚本家がパートナーにいたことは、市川崑にとって本当に大きかった。彼女との話し合いを通じて、次のような意欲が湧きあがっていきます。

「とうてい自分の手には負えないと思う一方、なんとかして征服してみたいものだ、と云う気持ちに追い込まれる心理は誰しも時に経験されると思うが、この場合の私が丁度そんな風になってしまって、引き受けてしまった。もっとも、『金閣寺』に対して私がそんなややこしい惚れ方をしたのも、この原作がつづまるところ〝現代〟と云うものを或る点から解明しようとしているものであるとの私流の解釈が根底にあった訳でもあるのである」（『成城町』）

その結果、二人は次のような解釈で『金閣寺』を解体、新たに「現代的」に脚色していくことになります。

「先ず純粋なるがために世の中と闘わずして滅んだ或る男の物語にすることにした」「あくまで心の黙劇にしないで、人間本位のドラマにおきかえるために、裏日本の暗い風土に培われた父と母と子に主題をしぼり、親と子の素直な願望や悩みに基本をおいてみた」（『成城町』）

こうして、原作の「美のなんたるかを問う観念論＝『金閣寺』」は客観化のプロセスを経て、「一人のナイーブな青年の破滅を追う青春映画＝『炎上』」へと、即物的に変換されていきました。

主人公の青年は早くに父を失い、ただ一人の肉親である母親とは互いに全く理解し合えていない。その上に吃音というコンプレックスもある。青年は亡き父への憧れを強くし、そしてその父が愛し抜いた金閣寺へと心を捧げていくことになる。

つまり金閣寺は、コンプレックスの塊である孤独な自身にとって唯一の縁《よすが》だった。ところが、戦後になって金閣寺は観光地として俗化してしまう。青年は金閣寺を、そのあさましさから救いたいと、火をかけてしまう。世間と自分自身に絶望していく中で、ただ一つの輝かしい存在が汚されるのを見たくないから燃やす——二人は、青年の犯行をそう解釈したのです。

三島由紀夫が美的観念の中で捉えた「金閣寺を燃やす」という行為を、この夫婦は客観的に解釈し、主人公を一人の人間としてプロファイリングし直して、「現実の犯罪者の心理を追う」物語へと「現代的」に脚色しているわけです。

『鍵』（一九五九年）もそうです。妻と若い男との密会を老人が覗き見る、という谷崎潤一郎の原作は耽美《たんび》とエロティシズムを主題にした話です。ところが、市川崑と和田夏十は全く異なるベクトルに持っていく。

冒頭で仲代達矢扮する若い医師が観客に向かって、「老衰とは何か」を延々と語りかけます。「この映画は耽美とかエロティシズムではなくて、老化がテーマである」という宣言です。ここでも即物的なコード変換をしているのです。そして、中村鴈治郎演じる主人公の老人は老いと闘いながら、「どうやればおれは若返るんだろう」と悩んだ挙句に、若い医師と自分の妻（京マチ子）の関係を覗き見ることで、若々しさを取り戻そうとする。そういう俗っぽい話に脚色していました。

「水島は馬鹿な事をした」

そして、この夫婦による文芸小説の脚色の特徴が最も表れているのが、それぞれの作品でのラストシーンの描き方です。お涙頂戴に走らないで、どこか他人事のような距離感でドラマを展開させるというのが、市川崑と和田夏十の美学でした。この時期に作られた一連の文芸映画のラストシーンは、その象徴と言えます。徹底して突き放して、観客が「えっ」と思ったところでいきなり終わるのです。

代表的なのは『ビルマの竪琴』。主人公の水島上等兵は死んでいった兵士たちを弔うため、戦友たちが帰国しようとする中、自分一人だけ僧としてビルマに残る。二人はこれを美談として描いていません。むしろ、水島の行動を客観的に突き放しています。そして、水島が最後に採った「現地に残る」という選択に対して疑問を呈しているのです。

仲間から「水島、日本へ帰ろう」と言われても、水島は残ります。そしてラストで水島が家族に宛てた手紙が読まれます。そこには、現地に残る水島の想いがつづられていました。ここで終われば、感動的な美談です。しかし、この夫婦はここで終わらせない。

和田夏十は最後にナレーションを創作し、しかも、それを水島に最も興味がなかった兵士（内藤武敏）に読ませることで、水島の行動を冷たく突き放す。

「私が考えているのは、水島の家の人があの手紙を読んでどう思うかということです」と。つまり、最後のところで「あなたがやったことって身勝手なことではないですか。あなたの帰りを待っている家族は悲しむよ」とひっくり返している。観客はそれまでのシーンでの水島の行動に泣かされるのですが、最後になって「どっちがよかったんだろう」と、あらためて問いを突きつけられてしまう。

この脚色について、市川崑は次のように述べています。

「私が『ビルマの竪琴』を映画化する時、もし私が水島の親であるとしたらどうであろうかと考えてみた。

或る日、突然安彦（水島の名前）の隊の隊長であったと云う人が家をたずねて来て安彦の長い手紙――どうして自分が日本へ帰らないか、何故異国に止まるかと云う理由を書いた手紙――を渡して呉れる。私はそれを読む。そして茫然となる。『なんて馬鹿な事をするのだろう。あの子は一人で世界中の苦労を背負ったような気になっているのだろうか。親の事など考えてもみないで、一人で生れて一人で大きくなった気でいる！』と、最初は無性に腹が立ち、そして泣き泣き『まだ若いんだから、そのうち淋しくなって気が変って帰って来る、きっと』と云うかも知れない」（『成城町』）

――あの子は一人で世界中の苦労を背負ったような気になっているのだろうか――

このフレーズに、徹底して水島を突き放した目線が見られます。

『炎上』でも、ラストで主人公、そして観客を容赦なく突き放していきます。

三島由紀夫の原作だと、金閣寺を燃やした後で主人公は初めて「生きようと私は思った」となって終わるのが、映画の主人公は自殺しようとします。金閣寺を燃やしたことで罪の意識も強くなった上に、生きる縁を失う。つまり、原作は金閣寺を燃やすことで何かを得る話ですが、映画は全てを失っていく話になっている。

最愛の父親をまず最初に失う。次に母親と喧嘩して、母親は「おまえなんか息子とは思わない」と言って去ってしまう。それから、同じくハンディキャップを持っているのにそれを逆利用して、女を巧みにコマしている憧れの存在でもある友人（仲代達矢）が、女にふられて土下座するみっともない姿を見てしまう。主人公の最後の縁は金閣寺の美しさだけになった。ところが、これも観光地として俗にまみれていく。それをもう見たくないから燃やし、それとともに心中しようとする。

ところが、生き残ってしまった。全てを失い、早く死にたいというところで捕まってしまう。そして汽車で護送されるのですが、トイレに行く途中で車両のドアを開けて、外に飛び降りる。

　主人公を演じるのは、大映のトップスターの市川雷蔵です。だから、その死を劇的に描くと思いきや、死ぬ時の顔のアップも見せない、声も出させない。劇的に強調されることなく、あっけなく汽車から落ちて死んでしまう。曇天の下に主人公の黒い骸が転がっていて、そこに刑事たちが集まってくるところで映画は終わる。しかも、ここでも主人公にカメラは寄らず、引いたままです。とてつもなく突き放した、感情移入できない終わり方をしています。

『おとうと』の脚本は和田夏十ではなく水木洋子ですが、このラストシーンも凄まじい。姉（岸惠子）にとって人生の唯一の縁とも言える最愛の弟が死んでしまう。先にも述べたように、弟の死に方に関しては引いた視点で映していて、全くお涙頂戴ではないのですが、姉はそのシーンの最後で卒倒している。

　ラストは、倒れている姉の見舞いに母親がやって来る。ここで姉はいきなりパッと起き上がる。そして、「お母さん、休んでて」と言い残すと家事をしに病室を走って出ていくのです。そこで唐突に「完」と入っていきなり映画が終わる。弟が死んだ悲しみを振り払うかのように新たな日常が始まるところで終わっている。

市川崑の本作の撮影台本には、次のようなメモが書かれています。

「家というものがある。それは家族愛、夫婦愛、姉弟愛でガッチリと成立している様に云われているが、そうじゃなくて、どんなに愛し合っている姉弟でも孤独であるから、孤独を前提として、いたわり合って暮しているから美しいのであって、その事が良識に通ずるものと思う」(『成城町』)

主眼は姉弟の「愛」ではなく、個々の「孤独」。ヒロインが再び「孤独」に戻ったことを映像として象徴的に伝えるために、徹底して突き放した描写にしたのです。

市川雷蔵と《死神》浜村純

キャスティングに関しても、この時期の市川崑も思い切ったことをしています。

たとえば『野火』のミッキー・カーチス。当時彼はロカビリーの歌手で知られていて、演技の経験はほとんどない。しかも日英のハーフで顔は欧米人に近い。そんな男に日本兵、しかも仲間を殺してはその人肉を食べるという、作中で最も重要な役をやらせた。彼のもつ遊び人的な雰囲気とイイ加減な感じが、人肉を食ってでも飄々と戦場を生き抜く役柄にぴったりでしたし、痩せ細ったシルエットが飢餓状態の戦場で暮らす兵士とし

『炎上』（1958年）の撮影風景。左から市川雷蔵、市川崑、香川良介（写真提供・毎日新聞社）

てのリアリティを与えていました。

それからなんといっても『炎上』の市川雷蔵です。今でこそ雷蔵の代表作となっていますが、当時は意外性と衝撃をもって受け止められました。市川雷蔵の後援会から雷蔵に「出ないでくれ」という投書が来たほど、意外性どころか事件性があった。

雷蔵自身、当時ファンに対して次のように述べています。

「従来の雷蔵の印象も皆さんから薄らがないよう心から楽しんで仕事をしております。要は美剣士であれ、ドモリの学生であれ、たとえ外見はどんな役をしようと、私の演技に変わりはないと申し上げたいのです。いいかえれば単なる外観を愛するのかその中身を愛す

るのかの問題になります」（『雷蔵、雷蔵を語る』朝日文庫）

本人がファンに対してここまで気を遣うのをみれば、市川崑がいかに思い切ったキャスティングをしたのかがよく分かります。

市川雷蔵というと、当時の二枚目・美男子スターの代表格です。時代劇で顔をキリっと白く塗って美剣士を演じ、「雷さま」と女性たちから熱狂的に応援されていました。ところが『炎上』ではノーメイクで登場しています。メイクを落とした雷蔵は、共演者ですら気付かないくらい地味な顔をしているのですが、そのまま出演している。これが、いかにも精神的に追い詰められて金閣寺に火をつける純朴な青年にしか見えない。それまでの二枚目スターとしての雷蔵の姿はどこにもありませんでした。

市川崑は、本当はこの役を川口浩にやらせたかったと言います。『処刑の部屋』（一九五六年）『おとうと』など、精神的にナイーブな青年役を市川崑は川口浩にやらせてきました。ところが、なぜか今回ばかりは大映側が「川口浩にそんな役をやらせたくない」と断ってきた。そこで市川崑が「じゃあ雷蔵はどうですか」と提案したら、「ああ、雷蔵ならいいよ」となぜか乗ってきたという。

雷蔵も「もういいかげん二枚目の役ばかりやりたくない」「もうそろそろ俳優として

『ビルマの竪琴』(1956年) より浜村純 (左から2人目、写真提供・NIKKATSU CORP./KOBAL/時事通信フォト)

ちゃんとした代表作を作りたい」と、自分のイメージを脱皮させる役をやりたいと会社側に申し入れているところでした。それが結果的に雷蔵の代表作になった。ここから「二枚目メイクをしなくても雷蔵は役者として凄い」という評価を得ることになり、「二枚目の時代劇スター」から「役者」へと脱皮していく。

それから、この時期の市川崑作品を象徴する重要な俳優を忘れてはなりません。浜村純です。

市川崑の映画をよく観ると、『ビルマの竪琴』以降のほぼ全作品に浜村純が出ているのが分かります。

彼の存在はいつも劇中で、ある意味を持

っています。浜村純の登場は「これから話が不穏になっていきます」「主人公たちはさらに不幸になっていきます」という合図なのです。ただ注意するだけの刑事の役など、1シーンしか出ないような場合もありますし、それなりに大きな役の場合もある。変わらないのは、「彼が出てくるとその後の物語展開が急に不穏になってくる」ということです。

たとえば『炎上』では主人公の父親を演じています。この父親は主人公の幼少期に金閣寺の素晴らしさを滔々と聞かせている。そのことを主人公が思い出す回想シーンを皮切りに、主人公は金閣寺を燃やす妄執に囚われていく。

中でも衝撃的なのが『野火』です。主人公はフィリピンの戦地で飢えと戦いながら彷徨い歩くのですが、そのうちに、一人の将校と出会います。これを演じていたのが浜村純でした。うわ言を口走りながら木の下に座り込むこの男は、自らの股間に手をやると、漏れ出ている自らの糞に手をやり、それを食べます。気持ち悪くなって立ち去ろうとする主人公に、将校は叫びます。「おーい、ここにいてくれ！　俺を食べてもいいよ！」。そしてここから物語は一線を超え、飢えの極限の中で互いを食糧と見なし殺し合う兵士たちの姿が描かれていくことになっていくのです。

浜村純の存在に気づくと、市川崑の映画はさらに面白くなります。「出たな、浜村純」「さあ、これから物語が動き出すぞ」という合図ですから。しかも、その登場をきっかけに主人公たちが不幸な目に遭う前触れだったりするわけですから、死神のような存在とも言えます。一見するとどこにでもいそうな老人のようでいて、よく見るとその目はどこか常人ではないような狂気をはらんでいる……そんな浜村純のもつ生来の不穏な特性を存分に見抜き、活かすことで、市川崑は作品全体の空気を変化させていったのです。

『東京オリンピック』の挫折

一九六四年、市川崑は東京オリンピックの記録映画を撮ることになります。当初は黒澤明に依頼が行きますが、黒澤は途中で降りた。それで、当時の映画界では屈指の名声を得ていた市川崑に話が来るわけです。

ただ、任せてはいけない人に任せてしまったとも言える。市川崑は幼い頃から虚弱体質の引きこもり。体育会系の文化や熱情とかけ離れたところで生きてきた人で、熱血とか情熱とか高揚感とかが大嫌いな人ですから。実際にそういう映画は全く撮ってこなかったし、そもそも当人自身がオリンピックに共感を抱けない。熱情を目にしても、客観的な第三者の視点で捉える。オリンピックの記録映画を任されるにあたっても、それは変わらなかった。おそらく彼に任せた人たちは、市川崑の名声だけを知っていて、実際にどんな映画を撮ってきた監督なのか知らなかったのではないでしょうか。

実際、ドキュメントの製作にあたり、市川崑は次のようなコメントを残しています。

「僕は全然スポーツを知らない。今でも知らないですが、だから今回は無手勝流というのですか、あまりイメージを抱かないようにしました」（『別冊キネマ旬報　東京オリンピック』）

実際に出来上がった作品は本人の言うとおり、「無手勝流」の映像となりました。ドキュメント作品ではありますが、劇映画の時と同じく絵コンテの通りに撮影を進めていきます。たとえば100メートル走のコンテを見てみますと、スタート前の選手の指の動き、後ろからみた尻から太もものライン、さらにスパイク・シューズなど、局部のアップを撮るように指示が出されています。そして、いざスタートとなると、そのまま映さずにハイスピード撮影を指示している。そのため、選手たちの動きはスローで映し出されることになり、スピード感は全く伝わりません。

さらに、ナレーションを和田夏十が執筆（白坂依志夫、谷川俊太郎との共同執筆）して

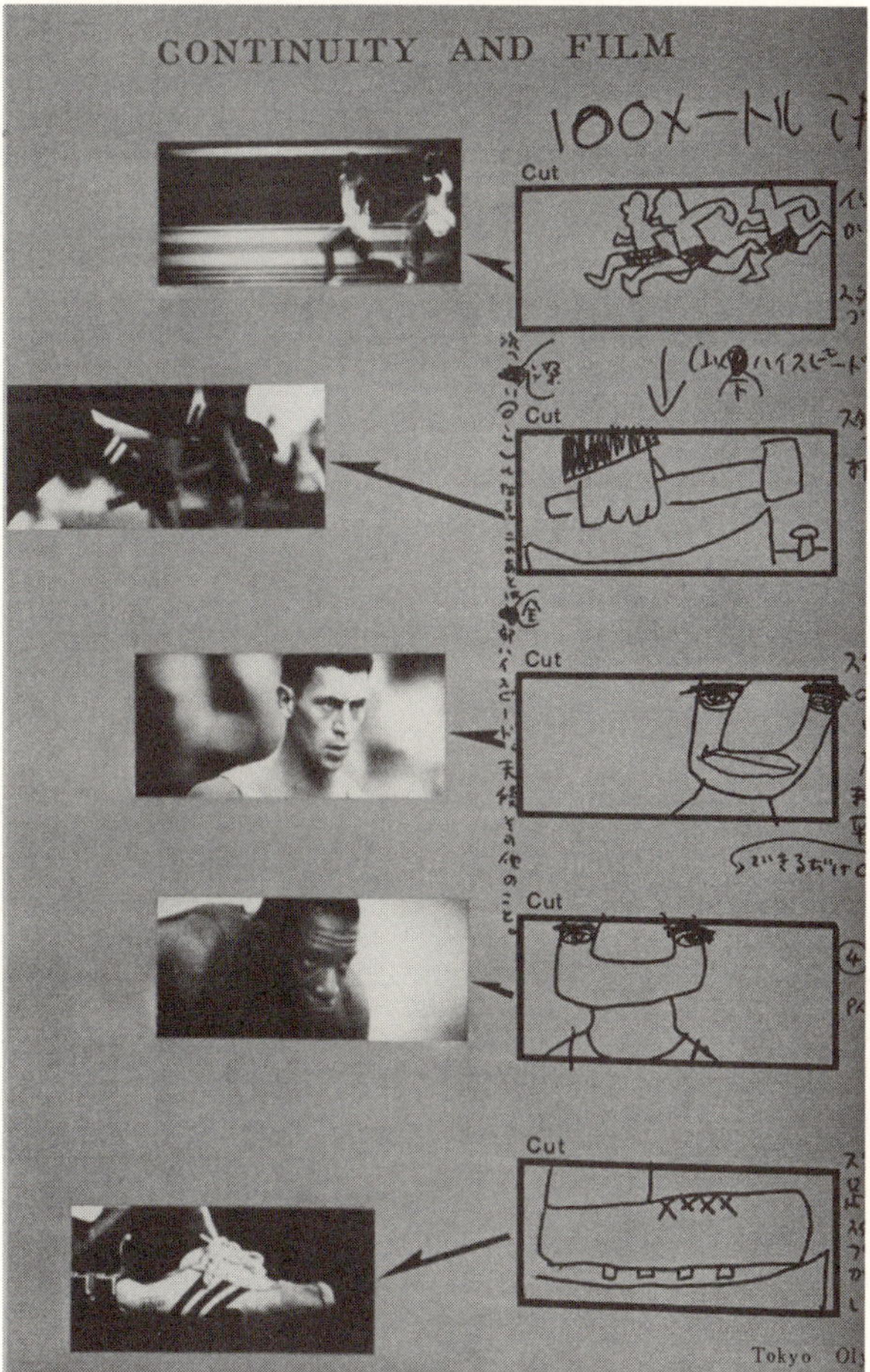

『東京オリンピック』の絵コンテと実際の映像（『別冊キネマ旬報　東京オリンピック』より）

いますが、これもまた彼女らしく乾いた内容になっています。

たとえば競歩の場合、「競歩レースはなんとなく滑稽なものだ。急いでるくせに歩ているし、歩き方が一種独特だ……」と思い切り冷たく突き放しています。

あるいは、近代五種に関しては次のように書かれています。

「五日間、五競技――黙々とオリンピックに『参加』した一選手の、無心な孤独の記録。三十七位に終ったこの選手が、苦しい戦いの間に何を得たかは知らない。けれど、その敗北の五日間が、他のどんな勝利の時にもまして輝かしいものであったことを信ずる。四日目の水泳を、この選手だけは平泳ぎで泳いだ。肩を痛めて、クロールが出来なかったのである……」

競技の勝敗を無視して無名の選手にスポットライトを当てました。しかも、競技そのものへの皮肉も込めて。

つまり市川崑夫妻は、競技の迫力やイベントの高揚感をそのまま記録するのではなく、ここでも客観的な視点をもって無機的に解体している。オリンピックというイベントを市川崑ならではのクールさで描き出しているのです。市川崑自身は、当時の狙いを新聞紙上で次のように語っています。

「私としては、ふざけたのでもなく、劇映画をつくろうとしたのでもなく、記録したものを映画的につないだまで。いわば映画をつくる使命にのっとってこの記録フィルムをつくったので、どこが、だれが勝ったか、負けたかは、重く見ようとはしていない」（「朝日新聞」一九六五年三月十一日）

市川崑からすると、いつも通り「映画的」にフィルムを繋げただけ、ということです。ただ、彼にとっての「映画的」は、これまで述べてきたように「日本的」からの脱却にあります。そのため、彼の狙いはなかなか理解してもらえませんでした。

市川崑の映画を見慣れた人間からすると「そりゃ、そうなるだろう」という気がしますが、当時の多くの人間は、オリンピックの記録映画に市川崑の作家性ではなく、国民的イベントの熱気を記録し追体験できる映像を求めた。そして、大バッシングの動きが始まります。

その先陣を切ったのが、河野一郎オリンピック担当大臣でした。ゴリゴリの自民党保守派の党人叩き上げで知られる河野と市川崑の都会的感覚には、相容れないものがありました。試写を観終えた河野は次のように語っています。

「東京オリンピックを記録として残すためにつくった映画の試写会を見たが、芸術性を強調するあまり、正しく記録されているとは思われない。オリンピック担当大臣としては、これを記録映画として残すことは適当ではない」（「朝日新聞」一九六五年三月十日夕刊）

さらに、競技・五輪関係者たちからも「細部にとらわれて、大会全体を記録するという五輪映画の目的が果たされていない」「あれでは記録としての意味はない」との批判が相次ぎました。これを受けて、担当省庁の所管大臣である愛知揆一文部大臣は、市川崑の撮ったフィルムを新たに再編集したバージョンの製作も検討に入れ始めます。

それでも映画はなんとか上映にこぎつけ、大ヒットを遂げます。が、その内容をめぐって「記録か芸術か」という賛否両論が巻き起こる。作家の山口瞳は『文藝春秋』一九六五年五月号に、「大衆をバカにするな――芸術家気取りの連中が、変なオリンピック映画をつくってしまった」というタイトルで批判文を寄せています。

この映画をきっかけに、市川崑はしばらく低迷期に入ります。

この年まで毎年三本ぐらいのペースで撮ってきた疲れもあるし、バッシングを受けた精神的ダメージもある。加えて最も痛かったのは、『東京オリンピック』の後で和田夏十が乳がんを患い、脚本が書けなくなって断筆宣言をしてしまったことです。それで市川崑もまた「しばらくゆっくり考えたい」と、一線を退く宣言をする。

この後しばらく市川崑は劇映画の演出を離れて、ドキュメンタリー映画やテレビＣＭを撮っていくことになります。

『木枯し紋次郎』

復活するのは、一九七二年のテレビシリーズ『木枯し紋次郎』でした。この翌年に同じ時代劇である『股旅』という映画を市川崑は撮ることになっていたのですが、その練習として撮るのと、もう一つはそのための予算集めという目的による作品でした。

この時期の日本映画はどん底の状態にありました。一九五〇～六〇年代にホームグラウンドとして『炎上』『おとうと』などを作ってきた大映は倒産、東宝は製作部門を切り離し、日活はロマンポルノに転向、そして黒澤明は自殺未遂――と、ボロボロの状態です。

その中で気を吐いたのが「ＡＴＧ（日本アート・シアター・ギルド）」です。ＡＴＧは独立系の映画プロダクションを支援するため、独立プロと資金を五百万円ずつ供出し、予算一千万円の映画を作るというプロジェクトを進めていました。そうした中で野心的な映画が次々と作られていきます。市川崑もATGで『股旅』を撮ることになります。その製作費を捻出するため、CM制作を通じてパイプの出来た電通を巻き込んで作ったのが、『木枯し紋次郎』でした。

『紋次郎』も『股旅』も、描こうとしたものは同じです。渡世人の生き方を客観的に捉えていく中に、若者の現代的な孤独を仮託していく。

「義理人情の世界」「一宿一飯の恩義」というこれまで渡世人を描く際の基本とされてきた「粋でいなせ」な日本的情緒を、クールに突き放して描いたのが『紋次郎』でした。

紋次郎は困った人を前にしても、まずは「あっしにはかかわりないことで」と去っていく。それでも、結局は関わらざるをえなくなるのですが、最後は裏切られたりして嫌な目に遭って終わる。そして寂しげに去っていく。つまり、「あっしにはかかわりないことで」と言うところから、どう関わっていくのか、というのが見せ所になります。でも最後は人の無情に触れ、居場所なく去っていく。

『紋次郎』では、和田夏十の名前も再び表に出てきます。脚本はもう書かなくなっていましたが、主題歌の歌詞を書いています。それが「だれかが風の中で」です。これが『紋次郎』の世界観を象徴した表現になっているので、一番の歌詞だけ以下に引用します。

どこかで　だれかが
きっと待っていてくれる
くもは焼け　道は乾き
陽はいつまでも沈まない
こころはむかし死んだ
ほほえみには会ったこともない
きのうなんか知らない
きょうは旅をひとり
けれどもどこかで
おまえは待っていてくれる
きっとおまえは
風の中で待っている

「こころはむかし死んだ　ほほえみには会ったこともない　きのうなんか知らない」など、実に和田夏十らしい乾いた世界観です。

この歌詞が素晴らしいのは、そうして絶望を語りながら、「けれどもどこかで　おまえは待っていてくれる」と書いているところです。「おまえ」が誰なのかは分かりません。それでも、その分からない誰かを求めて旅をする。絶望だけではなくて、絶望を前提としながらもどこかに救いを求めている。これが、『紋次郎』の作品世界そのものを表すメンタリティにもなっています。人間は孤独である。孤独だからこそ触れ合いたい——そんなメンタリティです。それは映画『股旅』でも同様です。

市川崑は『股旅』について次のように語っています。

「『寂しい、寂しい』と言うても、寂しさっていうのはなかなか出ない。ちゃんと正確に、乾いた視点で描写しないとね」（『映画たち』）

その心象を象徴するのが、『紋次郎』の毎回のラストです。大きな景色の中に紋次郎の黒いシルエットがポツンとある。寂しいけど、どこかに優しさがある。そんな感傷的な世界が時代にマッチして、テレビ時代劇史に残る大ヒット作となりました。

ただ、こうした作品作りが可能だったのは、市川崑の意図するイメージをキチンと映像に昇華できる優秀なスタッフたちがいたからこそです。一九六〇年代、市川崑は主に大映の作品を多く撮っていましたが、当時の大映京都撮影所のスタッフ陣には世界最高峰の技術がありました。彼らはより良い作品にするためなら、どれだけ時間がかかっても手間を惜しまない。

市川崑のイメージ通りの映像にするためには、ディテールを徹底して作り込まなければなりません。異様な空間を作る美術、それに光を当てて色を作る照明、それを切り取って観客に提示する撮影。スタッフに求められる技術の水準は他の監督以上に高いですし、それを実現するためには並々ならぬ時間もかかる。こうした映画は、大映京都のスタッフの力があったからこそと言えるでしょう。

最終的に大映京都撮影所は『木枯し紋次郎』の撮影中に潰れてしまう。そのスタッフが離散してしまったら、市川崑としてはもう自分の思いどおりの映画が作れなくなる。そこで彼はスタッフ一人一人を口説いて回って新たなプロダクション作りに邁進します。そうして出来たのが、「映像京都」という会社でした。

ここを母体にしたからこそ、大映の倒産後も同じスタッフで一緒に『木枯し紋次郎』を作っていくことができ、作品のクオリティを落とさずに済んだ。そして後の『どら平太』（二〇〇〇年）『かあちゃん』（二〇〇一年）に至るまで、時代劇に関してはずっと彼らと一緒に作っていくことになります。それだけスタッフの力というものを信用していたし、彼らの力がなければ成り立たない、ということを理解していたということです。

時代劇らしからぬキャスティング

市川崑は時代劇でもキャスティングを重要視しています。『木枯し紋次郎』も『股旅』もそうですが、時代劇を作る時、「時代劇芝居をできない役者」をあえてキャスティングしている。

彼の中には「時代劇を解体しよう」「現代的な時代劇をやりたい」という発想があったので、キチンとした時代劇の所作をされると、かえって邪魔になってしまう。そこで『木枯し紋次郎』の時は、中村敦夫という当時撮影所にもジーパンで来ていた若者を主人公に抜擢するわけです。これが功を奏します。中村敦夫の放つ現代性が、市川崑の狙う挫折した若者像にピッタリと合致して、その孤独さを浮き彫りにしていきました。

それだけではありません。時代劇の所作や殺陣といった基礎的なことを身に付けていない中での斬り合いは必死そのもので、型にはまらないヤクザたちの闘争をリアルに映し出していきました。

中村敦夫は当時のことを筆者に次のように語っています。

「主役は転ぶし、追いかけてくる絡み（斬られ役）はゼエゼエ言いながらフラついているから、綺麗事じゃない殺し合いのリアルさが出たんだと思います。実際の殺し合いってそういうものですよね。何がどうなるか、分からない。それに、北関東の寒村で間引きされかかったような紋次郎が、剣道なんてできるわけないですから。時代劇の素養がないから、新しさが出たということです」

『股旅』でも、萩原健一、小倉一郎、尾藤イサオという当時としては時代劇っぽさのない三人の若者を配置しています。彼らには、現代の若者が扮装だけ変えて、時代劇のフィールドに現れたような雰囲気がありました。それはまさに市川崑の狙ったところです。時代劇の舞台を借りて現代の青春を描こうとしていたので、むしろそういう雰囲気を体現できる役者でなければならなかった。

意外性という意味では、それだけではありません。本作では、三人の中で最もひ弱で気弱に見える小倉一郎を、最も義理人情に厚い、渡世人らしい男に配役しています。これがまたハマった。この男は自分の父親が悪いやくざになっていて、そのために悩む。

そして、「義理人情を欠いた親父を殺さなければならない」と追いつめられていく。そうやって悩んでいるうちに段々と「家を捨てた親父」そのものへの恨みが募る。そして最後は「お前のせいで家族が破滅した！」と、滅多斬りにする。ひ弱そうな人間がキレるから怖い。気弱そうな人間がキレるからまた切ない。小倉一郎をここにキャスティングしたことで、この青年の鬱積した感情がストレートに伝わってくることになりました。だからこそ、この親子喧嘩を通して、現代的な家族崩壊のリアリティを渡世人の青春の中に盛り込むことができたのです。

『犬神家の一族』と日本語の解体

映画界の中心への本格復帰といいますか、「市川崑、ここにあり」を再び見せつけることになったのが一九七六年の『犬神家の一族』でした。この大ヒットで、市川崑は日本有数のヒットメーカーとして重宝されることになります。

『犬神家の一族』の製作背景や市川崑の演出については次章で詳しく述べますが、この章の流れで一つだけ触れておきたいのは、彼の「日本的なものを解体する」という演出スタイルは本作で完成形を迎えたということです。

その最たるものが、『犬神家の一族』の終盤で繰り広げられる、石坂浩二扮する名探偵・金田一耕助と犯人との一対一のやりとりです。

ここで市川崑は、素早いスピードでセリフを応酬させています。ただ、それだけでは都会派コメディ時代に試みたことと変わりません。「映画的」でないと嫌がり続けた日本語のリズムは、早口にしても解体できるものではない。ところが、『犬神家の一族』になると、それが上手くいっているように映っている。日本語が、まるで英会話のようにリズミカルに入ってくる。

実は、市川崑はもう一つの工夫を加えていました。テキスト的な工夫や役者のセリフ回しだけでなく、今度は映像の技法も巻き込んで日本語の「非映画的」な部分を解体していこうとしたのです。

どういうことかといいますと、セリフのやりとりを物凄くテンポの速いカッティングで編集していった。

たとえば、犯人に対して金田一が「犯人はあなたですね」と言うと、犯人がそれにリアクションします。その場合、普通だったら「犯人はあなたですね」と金田一のアップを撮ったとして、「あなたですね」とちゃんと言い終えてから、カメラは犯人の表情に切り替わる。そして、また金田一に切り替わってから金田一が話します。

ところが、それを市川崑は「犯人はあなたですね」の「ね」が言い終わらないギリギリでカメラを切り替えているのです。食い気味に相手のリアクションのカットが入ってくる。間を作らないのです。

それだけではなくて、たとえば広間とかの大人数がいるシーンになると、当事者二人のやりとり以外に第三者のリアクションまでもが同様に、相手がセリフを言い終わるのを待たずに、食い気味に挿入されていく。多くの場面で、このようなギリギリのコンマ何秒の編集をしています。

それによって、ただのセリフのやりとりが、とてつもなく目まぐるしい映像の応酬になっていく。これには長田千鶴子という名編集者がいて、彼女が見事にそれをギリギリで切っていっているというのもあります。

映画を観て「退屈だな」とか「つまらないな」と思う場面の多くは、我々が持っている生理的なリズムに対して進行のテンポが緩いからだったりします。特にセリフのやりとりの場合、日常であれば相手が言い終わるのをいちいち待ってから人はリアクションしません。だから、テンポが遅く感じて飽きてしまう。それに、映像も動かないから余計に退屈に感じる。市川崑は編集によって、それを退屈ではないものにしていった。

ただ、これは凄く怖いことでもあります。たとえば犯人の告白シーンというのはドラマのクライマックスであり、泣かせどころ。そこでカットを細かく割ると、観る側は飽きない代わりに気が散って感情移入しにくくなる。間を作って、余韻を作っていくから感情移入して泣けるわけです。

でも市川崑は、これまで述べてきたように「情」を解体したい監督です。ですから、そうした感情移入のポイントも解体してきました。「涙は要らない」「情緒は要らない」という考え方は変わりません。日本語の硬さをどうやれば西洋的なリズムで切り取れるかを重視していた。でも、言葉の段階で日本語を解体するのは難しかったから、今度は映像そのものも巻き込む形でやっていったわけです。映像を編集することを「鋏《はさみ》が入る」といいますけれども、市川崑はフィルムを編集する鋏によって、日本語も切っていくわけです。実は切っているのは映像だけではなくて、同時に言葉も切っていた。

金田一シリーズの変遷

『犬神家の一族』は大ヒットを遂げ、すぐに名探偵・金田一耕助シリーズの第二弾が製作されます。それが『悪魔の手毬唄』（一九七七年）でした。本作は金田一シリーズだけでなく、日本のミステリー映画の中でも最高傑作の一本と言えると思っていますが、これは本来、市川崑が撮らないはずの映画でした。

角川映画の製作で『犬神家の一族』が当たると、今度は東宝映画が角川から原作権を買って、再び市川崑に話を持っていく。市川崑としては『犬神家の一族』よりいいものができるとは思わない。そこで断ろうとします。しかし、市川崑が弱気になった時、いつもその尻を叩くのは和田夏十の役目です。『映画たち』によると、今回もそうなったとあります。「せっかくだから、もう一本ぐらいはやってあげたらどう？」と和田夏十が言った。それで引き受けたのです。

このシリーズでも市川崑のキャスティングは冴え渡っており、多くの俳優たちの新たな魅力を掘り起こしています。

『犬神家の一族』に始まり、シリーズ全作品に出演した加藤武が、まずは意外と言えるキャスティングでした。それまではどちらかというと強面や切れ者の役が多かったのに、『犬神家の一族』では「よし、わかった」と言いながら素っ頓狂な推理を披露する警察署長を喜劇的に演じていました。

それからなんといっても『悪魔の手毬唄』の若山富三郎です。当時の若山富三郎はヤクザか『子連れ狼』のような剣豪の役が多く、日常性のない役柄を激しいアクションとともに演じてきました。その若山に、ここでは人情派の老警部をやらせている。その結果これまでは後景にあった若山のどこか可愛げのある温かい雰囲気が前景化されて、ヒロインに秘めた片想いを抱く役柄に上手くハマることになります。そして、これ以降の若山は人情味の豊かな役柄を得意とするようになり、『事件』『飢餓海峡』といったテレビドラマなどで老境の年輪を漂わせる芝居を見せていきます。

草刈正雄も、そうです。『病院坂の首縊《くく》りの家』（一九七九年）で石坂浩二扮する金田一のアシスタント的な役柄を演じていますが、これが少しトボけたコミカルな男。それまでの草刈は、その端正なルックスに見合った、カッコいい二枚目の役ばかりを演じてきました。そこに市川崑監督が、「おまえは意外とコミカルなものが向いていると思う。そのためにわざわざ原作にない役を用意したから、出てくれ」ということで『病院坂の首縊りの家』に出演し、今に至る喜劇的な才能を発揮していくことになります。

『細雪』盟友との別れ

金田一シリーズを五作撮った後、一九八三年にこの夫婦の到達点といえる作品が生まれます。それが谷崎潤一郎原作の『細雪』でした。戦争間近の大阪の老舗商家を舞台にした四姉妹の物語です。

『映画たち』によると、この四姉妹の物語を、市川崑は若いころから映画化したかったそうです。ヒットメーカーとしての実績を作った今なら……ということで製作に臨みます。ところが、この作品の人間模様が現代とあまりにも離れているので、今の女性にこれが受けるのかどうかで迷う。どうアレンジすればいいか、方法が全く浮かばなくなる。

そして、和田夏十の出番になります。

和田夏十はこの映画の撮影中に亡くなっています。準備段階からすでに病魔に冒されている状態でしたが、助言を求めてくる市川崑に対し、「なぜあなたが今これをやりたいのか、私には分からない」（『映画たち』）と言い放ちます。つまり「やる意味がない」ということです。市川崑本人も悩んでいたようですが、今回は初めて夏十に対して譲らなかった。

そこはさすがに「映画化できない小説はない」と言い切った名脚色家です。和田夏十は助け舟を出す。「いっぺん、レジュメを書いてみたらどう?」と。要するに原作の流れをまとめた上で、問題点を全部洗い出そうという提案です。そこで市川崑は脚本家と二人でレジュメを作り、それをまた持って帰る。「夏十さん、どうですか」と聞くと、「やっぱり、私の杞憂したように、今、これを取り上げる意味はない」(『映画たち』)とあらためて言い切る。

いつもならここで市川崑は折れるところです。でも、今回だけはなぜか市川崑は折れなかった。

「おれはやっぱりやりたいんだよ」

そこで、和田夏十はもう一つの助け舟を出します。

「じゃあ、思いきって、こういう女性たちは現代にいないという視点から考えてみたらどう?」(同前)

今はもう失われた世界の物語――つまり現代性・現実性をあえて切り捨て、「今とは繋がりのないファンタジー」として描くという視点です。これまで、「観念的な原作を現代的・現実的に脚色する」ことを旨としてきたこの夫婦にとっては、ドラスティックな転換と言えるでしょう。死の床にあっても、和田夏十は冴えていました。

市川崑は過ぎ去った時代へのノスタルジーとして原作をアレンジしていく。原作では四姉妹にいろいろな事件が起きます。それを全部削いで、四姉妹の日常の物語にしていく。「こんな四姉妹の昭和初期の生活がありました」「こんな人たちがいました」という、大きな物語ではなく小さなディテールを積み重ねていく構成です。

市川崑はこの映画のラストシーンを夏十に書いてもらっています。

映画では吉永小百合が三女で、次女が佐久間良子、次女の夫を石坂浩二が演じています。彼は実は三女のことが好きだという設定でした。でもその三女は物語の最後に嫁に行く。長女夫婦は伊丹十三と岸惠子が演じているのですが、彼らも東京へと旅立つ。にぎやかだった家族がバラバラになり、これで一つの時代が終わった……というところで、映画はエンディングを迎えます。

ラストシーンで石坂浩二は小料理屋でやけ酒をあおります。そこに店の女将さんがやってきて——白石加代子がこの1シーンだけ登場しているのですが——彼女は石坂が女に振られてやけ酒を飲んでいると思って、「あんたまだ若いんだから気にしなさんな」と言ってすっと去っていく。それで石坂浩二が窓の外を見ながら飲んでいると、細雪が降ってくる。そして回想に入り、昔のにぎやかな光景を思い出して石坂浩二が泣く、というところで映画は終わる。

これが、夏十が死の床で書いたシーンでした。

このシーンには二つの意味があるのではないかと思っています。

昔のにぎやかだった頃を思い出して泣く、というのは夏十自身の心境だったのではないでしょうか。しかもわざわざ女将さんに、石坂浩二に「あんたまだ若いんだから」と言わせている。これは和田夏十が、市川崑に言っているような気すらしてきます。「まだ若いんだから、私が死んでも気にしないでね」という。

監督クラッシャー・吉永小百合

この後、市川崑は『ビルマの竪琴』をリメイク（一九八五年）するのですが、これは和田夏十への追悼として作っています。

ただ、最高のパートナーを失ったことで、以降の市川崑は迷走していくことになります。

言い方は悪いですが、『細雪』を分岐点にして天使が去ってしまい悪魔に魅入られたと言うことができる。天使はもちろん和田夏十ですが、悪魔とは誰か——。

それが「監督クラッシャー」と言うべき吉永小百合です。吉永小百合と組むようになると、ほとんどの監督が駄作を連発するようになり、評判を落としていく。そんな彼女の現在にまで連なる「監督クラッシャー伝説」の生贄《いけにえ》の一人が、市川崑でした。

『細雪』で吉永小百合は女優としての評価を高めることになりますが、彼女の演じた役は、はっきり言って「嫌な女」です。お嬢様育ちで世間のことは何も知らず、電話ひとつとることもできない。それでも、その美しさのために男たちが寄ってきては、みんな彼女のために至れり尽くせりで、しかし本人はそのことを何とも思っていない。それで男たちは振り回される。魔性のお嬢様です。同性から嫌われるタイプ。

吉永小百合は清純派女優の代表的存在で、「サユリスト」といわれるファンは、彼女を女神として崇めている。でもそれは一方で「いつもカマトトぶった澄まし顔しかしていない」ということでもあります。そんな吉永に、「澄まし顔の嫌な女」を演じさせるというのは、ある種の悪意すら感じますが、ピッタリといえばまさにピッタリです。

といっても吉永小百合は市川雷蔵のように芝居は上手くないので、キャスティングだけで終わらずに演出上も細心の注意を払っています。市川崑は吉永にほとんどセリフを吐かせていないのです。そこはCMもやっていた市川崑の巧妙なところで、吉永に芝居をさせずにフォトジェニックな瞬間だけを映し、「それを観た男たちが勝手に彼女の心境を想像する」という構図に仕立て上げている。それにより、ちょっとした仕草やいつも通りの澄まし顔に「思わせぶり」な意味が生じて、男たちは虜になっていく。このキャスティングと演出の妙により、吉永小百合がこれまでもこの後も表現することのできない魔性が作り出されていったのです。市川崑は吉永小百合をも「解体」し、新たな魅力を引き出したということができます。

ところがこの演出の成功もあって、市川崑は吉永小百合に気に入られてしまう。彼女の希望もあって、『おはん』（一九八四年）『映画女優』（一九八七年）と立て続けに市川崑は、彼女の主演映画を撮ることになる。そうなると今度は状況が変わり、「吉永小百合のための映画」でなければならないので、『細雪』の時のような批評的解体はもうできない。結果、吉永小百合とそのファンによる自己満足ショーの生贄になるわけです。

そして、極めつきは『つる―鶴―』（一九八八年）です。鶴の化身に扮する吉永小百合が雪の中で鶴の動きをするような、彼女の自意識だけで構成されているようにすら思えてくる恐ろしい映画です。『映画たち』によると、これには市川崑もさすがに反対したようなのですが、無理やりに撮らされてしまった。

そしてこれ以降、市川崑は観客から「つまらない大作を撮る監督」と思われるようになり、それでも一方で映画界からは「どんな企画でもとりあえず引き受けてくれる巨匠」と重宝がられる。それで彼はこれまで築き上げてきた名声を落としていくことになります。

日本映画界の人柱

市川崑は、『細雪』以降は亡くなるまで大迷走時代に突入します。

本人は何でも挑戦しようという人だし、新し物好きだから、次々と未知なる領域へ踏み込もうとする。それまでは和田夏十という軍師がいたから、そんな市川崑に的確な道筋を示すことができた。ところが、彼女がいなくなると、その冒険心が仇《あだ》となっていく。「実験的」といえば聞こえが良いのですが、「何がやりたいのかよく分からない大作」ばかり作る監督になっていく。筆者もそうですが、一九八五年以降になってから市川崑の新作に触れるようになった人の多くは、「つまらない大作映画を撮る人」というイメージがあるのではないでしょうか。

それでも、彼は撮り続けました。『竹取物語』『天河伝説殺人事件』『四十七人の刺客』

『八つ墓村』……「とりあえず市川崑に任せておけばキャストもスポンサーも集まる」という、日本映画界のプロデューサー特有の安易な発想で大作映画ばかり撮らされることになります。『映画秘宝』から出ていたムック本『底抜け超大作』でライターの松井修が、市川崑を「沈みゆく日本映画界の『人柱』」と揶揄していましたが、言い得て妙です。

市川崑という人はミニマムな世界が得意な監督です。それなのにスケールの大きい大作ばかり作らされる。しかし、彼の演出スタイルに大作は合いません。『犬神家の一族』のような成功はそう何度も続くわけではありません。にもかかわらず、次々と大作映画を任されては、どんどんコケていく。それでも、明らかに性に合わない映画ばかりを撮らされ続けた。まさに「人柱」でした。

『映画たち』の中でも、この時期について語る本人の発言も暗いものが多い。「映画を取り巻く環境が昔とはぜんぜん違うわけですから、夢はあっても、あまり無責任な要望は持ちたくない」とか、『竹取物語』（一九八七年）を監督した時も、「ＳＦだけは全然わからん」「体質的に合わない」とか。『四十七人の刺客』（一九九四年）も、そうです。市川崑はモダニストですから、「忠臣蔵」のような日本人の情を凝縮した世界は合いません。「現代的解釈での忠臣蔵」を狙っての起用だったのではと思われます。しかし、その狙い通りにはいきませんでした。和田夏十がいれば上手く解体して、現代的にアレンジすることもできたのかもしれませんが、それだけ腕とインテリジェンスのある脚本家はもう日本にはいません。それで、小手先の映像のスタイリッシュさで表面的に映像を現代的に解体するだけ……という、晩年の市川崑の悪癖が凝縮した作品となってしまいました。

ただ晩年の市川崑は一方で、面白い試みにもチャレンジしています。映像テクノロジーを面白がっている部分もありました。

たとえば、『その木戸を通って』（一九九五年放送）というフジテレビ制作の時代劇。これは日本で最初の長編ハイビジョンドラマです。ハイビジョンで時代劇をやってみたらどういうことがあり得るのか、どういう問題が起き得るかという実験を目的にした作品でした。

あるいは二〇〇〇年に作られた『新選組』という映画は、切り絵を棒に差して動かすというアニメーションでした。切り絵で作った人形によって新選組の芝居をさせています。平面だから表情も手も足も動かせない中で、池田屋事件の立ち回りをやったりしていました。アニメ出身監督としての原点回帰的な、実験性と刺激にあふれた作品です。市川崑の感覚が全く衰えていなかったとも思えるのですが、それを活かしきるだけの状況が、一九九〇年代以降の日本映画界にはもうなくなってしまっていた。

そして長編映画としては遺作となったのが『犬神家の一族』のリメイク（二〇〇六年）。これがどのような状況下で撮られたのかは、第三章の石坂浩二のインタビューを読んでいただきたいのですが、市川崑の美意識をそのまま実現できるだけの環境はもう日本映画界には無くなっていた。結果的に「市川崑は衰えた」という印象だけを残す、残念な遺作となってしまいました。

結局、市川崑は疲弊させられて使い潰されていったということになります。近年の日本映画界の悪い意味での象徴とも言えるのが、晩年の市川崑監督だったように思えます。

第二章　なぜ『犬神家の一族』は面白いのか

【『犬神家の一族』あらすじ】

舞台は那須。ここに邸宅を構える、一代で大製薬会社を成した富豪・犬神佐兵衛が、戦後しばらくして息を引き取る。佐兵衛には松子、竹子、梅子の三人の娘がいて、それぞれに佐清《すけきよ》、佐武《すけたけ》、佐智《すけとも》という息子がいた。佐兵衛の遺言は恩人の娘・野々宮珠世が三人の孫のうち誰かと結婚したら全財産を相続するという、歪な内容だった。

そんな折、戦地で行方不明になっていた佐清が帰国する。顔に酷い傷を負った佐清は、不気味な白い仮面を被っていた。時を同じくして、顔を隠した謎の復員服の男が街に現れる。そして、佐武、佐智が相次いで殺されていく。犬神家の顧問弁護士・古館から依頼を受けた名探偵・金田一耕助は、連続殺人事件の謎に挑むことになる。

角川映画の誕生

一九七六年の大ヒット作『犬神家の一族』は、市川崑の美学と技術の双方が凝縮された、集大成的な作品と言えます。そこでこの章では、彼の監督としての凄味をさらに掘り下げるべく「『犬神家の一族』で市川崑は何をしたのか」を徹底的に検証します。

あらかじめ申しておくと、容赦なくネタバレします。そういうのが嫌だという人は、ここで一度読むのを止めていただき、映画を観終わってから続きを御覧ください。

まずは、この映画の製作背景の話から始めます。角川映画の第一弾が、この『犬神家の一族』でした。

一九七一年、角川書店を率いる角川春樹は文庫部門を強化すべく動き出します。当時、他の出版社の文庫が手をつけていないジャンルがミステリーだったので、それを前面に出していく。当時は忘れられていたというか、あまり注目されていなかったミステリー作家・横溝正史を引っ張り出してきて、彼を中核的なベストセラー作家にしていこうという戦略をとります。そして、横溝正史の単行本を角川文庫で復刊し始める。これが当たって、一九七〇年代前半に横溝正史は復権していきました。

その流れの中で、映画をその宣伝のために作ってみようという動きになります。そして、まずは松竹と組んで『八つ墓村』の製作を始める。横溝原作の名探偵・金田一耕助の映画企画としては『八つ墓村』が最初でした。ところがこの時、角川は初めて映画事業に乗り出したこともあり、松竹と利益配分などで揉めてしまいます。それで、企画がなかなか進まない。

『八つ墓村』の脚本は橋本忍。一九七〇年代前半、『日本沈没』『砂の器』と立て続けに記録的な大ヒット作を送り出した脚本家でした。ところが、橋本は自分のプロダクションで『八甲田山』を作ることになって、そちらの脚本に夢中になってしまい、『八つ墓村』の脚本がなかなか進まなくなってきた。

こうした二つの問題が起きたことで、角川としては早いところ映画を出して本を売るキャンペーンを張りたいのにできなくなってしまい、松竹との提携を解消するわけです。そして、自分たちで映画を作ろうということになり、角川映画が誕生します。

当時、日本映画界は沈んでました。かつては映画会社が自分たちで作った映画を自分の映画館でかけるという体制だったのが、それを可能にする資金的余裕がなくなってしまったために製作部門を切り離します。製作はプロダクションに任せ、映画会社は配給だけを行うという状況に切り替わりつつあった時代でした。なので、角川が製作に乗り出してきたことは、映画界としてもありがたかったのです。

そして角川は、横溝の『犬神家の一族』を角川映画第一弾の原作に選びます。

市川崑の登用

前章で述べたように、当時の市川崑は不振の時期でした。一九六〇年前後に『炎上』『ぼんち』『おとうと』『破戒』といった文芸映画で評価を上げていましたが、一九六五年の『東京オリンピック』の記録映画で大バッシングに遭う。同時に長くパートナーとして一緒に脚本を書いてきた妻・和田夏十が、病気で倒れてしまって脚本を書けなくなってしまう。そして映画の第一線から引いてしまうという状態が一九六〇年代後半にあり、一九七〇年代に入ってテレビの『木枯し紋次郎』で再び第一線に戻ってくる。ただ、なかなか映画では作品に恵まれないでいました。

しかし角川春樹は、角川映画のこけら落としに市川崑を選んだ。角川春樹はインタビューの中でその理由をこう語っています。

「原作のおどろおどろしい世界を、むしろかちっと撮れていて、新しい市川崑の映像で

出したいと思った」（『キネマ旬報』一九七六年四月上旬号）

第一章で述べた通り、市川崑は原作を新解釈して、現代的なテーマに落とし込む監督でした。映像的にもスタイリッシュに撮っていく。角川としては、横溝正史のおどろおどろしい世界を、市川崑らしい新解釈とスタイリッシュな映像で切り取ることで新しい作品世界が生まれるんじゃないかという期待があった。

角川としては自分で作る映画の第一弾として、今までの映画製作者たちがやってきたことと同じことはやりたくないという考えがあった。市川崑なら、面白いことをやってくれるんじゃないか。しかも一九七二年に『木枯し紋次郎』で時代劇を現代的にスタイリッシュに撮った、という実績もある。その流れで撮れば、『木枯し紋次郎』的なスタイリッシュな映像による横溝正史ワールドが出てくるのではないか、という期待があったわけです。

依頼を受けた市川崑の意気込みも大きかった。彼はもともと探偵小説マニアです。『映画たち』によると、ずっとミステリーの映画化をやりたかったそうです。わざわざ自分のペンネームにアガサ・クリスティをもじった「久里子亭」とつけたことがあるくらいですから。でも、ミステリーの企画が自分のところに一回も来たことがなかった。

そして、ここでようやく巡り合うわけです。

ミステリーの映画化をするということ

角川映画の興亡を描いた中川右介著『角川映画 1976-1986 日本を変えた10年』（KADOKAWA）には、『犬神家の一族』についての興味深い指摘があります。

それは、「本格的ミステリは映画に向いていない」という記述です。ここでは、そのことについてさらに掘り下げて考察していきます。

『犬神家の一族』は、名探偵金田一耕助が大富豪・犬神家の遺産相続を巡る連続殺人に挑んでいくという、本格的なミステリーです。ミステリーの場合、「犯人探し」がプロットの核にあって、最終的なクライマックスは事件の解決にあります。

この映画は本格的ミステリー映画として製作されたのですが、本格的ミステリー映画として製作されてここまで大ヒットした上に、後世まで評価されている作品というのは、実は日本映画史上でこの映画だけと言っても過言ではありません。

「『砂の器』があるじゃないか」という人がいるかもしれませんが、実際には『砂の器』は、本格ミステリーという表現を巧みに避けた構成になっています。

橋本忍は『砂の器』の脚本を書いた時のことを、「これはミステリーとしては全く面白くないから、謎解きの部分は放棄して、最後に犯人父子の旅を回想で見せて、そこで感動させる構成にした」と筆者に語っています。つまり、ミステリー要素を物語の中核には置いていないのです。クライマックスは父子の旅であって、事件の解決ではありません。「犯人は誰か」「どんなトリックなのか」で引っ張っていく見せ方をする日本映画は、『犬神家の一族』の前にもあるにはあったのですが、ここまで大々的に作って大ヒット、後々まで評価されるということはありませんでした。

それは『犬神家の一族』以降も同じです。多くの映画監督が、ミステリー小説を原作としながらも、謎解きや事件の解決にクライマックスを持ってきていない。それは、市川崑以外が監督した横溝正史原作作品を考えてみると、よく分かります。

たとえば後に松竹が映画化した『八つ墓村』は完全なオカルトになっています。事件の背景となる「過去の因縁」をそのまま夏八木勲扮する落ち武者の怨念の祟りに結び付けている。ミステリーとしての要素を全部取っ払って、怪談話にしていました。

『悪霊島』を篠田正浩が監督した時は、ＢＧＭにビートルズをかけて時代を象徴させつつ、ある一人の青年が過去を振り返っていく、という青春グラフィティの構成にしています。つまり、ほとんどの映画がミステリー要素を物語の中核には置いていないのです。

他にも、ミステリー小説を映像化する際は、『砂の器』スタイルの構成が基本的には多い。謎解きそのものではなく、「犯人たちの過去のドラマで泣かせる」というものです。それが日本のミステリー映画の作り方の基盤にあります。つまり、謎解きの面白みをクライマックスに持ってきていない。「ミステリー」を物語の中核に据えることは、それだけ当時の映画界ではタブー視されていたということです。

市川崑が起用される前の段階で、角川は『犬神家の一族』の脚本を作っていますが、これもオカルト的なアレンジになっていたといいます。つまり『八つ墓村』に近い形で、「犬神佐兵衛の呪い」を受けて人物たちが動いていくというプロットでした。

その痕跡は、決定稿の台本にも見られます。たとえば、次のような記述です。

172　犬神家。大広間。

黄昏が座敷の隅々に漂い始めている。

ポツンと松子が坐っている。松子は佐兵衛の遺影と対面している。

生ける者と死せる者、二つの視線がぶつかり、絡み合う。

心霊音。

佐兵衛の写真――その眼の奥に、青白い炎がチロチロ燃えているように見える。

台本にはこのように佐兵衛の遺影をめぐる「心霊音」が何度か登場します。つまり、『八つ墓村』と同じで、犬神佐兵衛による呪いが事件の背景にあるという、オカルト的要素が含まれていたのです。

これに対して角川春樹は「ちゃんとミステリーをやってほしい」と難色を示した。そこで市川崑は脚本を作り直し、オカルト要素を排除した知的なミステリーとして物語を構成していきます。そして最終的に日本映画では珍しい、「名探偵が事件を推理し、その結果を犯人や関係者の前で披露する」という「謎解き」がクライマックスに置かれる、本格ミステリー映画が誕生することになりました。

ミステリーとサスペンスの違い

では、そもそもなぜ「ミステリー」は映画においてタブーだったのか。

よく混同されますが、「ミステリー」と「サスペンス」は異なるものです。サスペンス映画の巨匠であるアルフレッド・ヒッチコック監督も、「ミステリーとサスペンスは別物である」と言っています（『定本　映画術』、晶文社）。ミステリーとサスペンスとサプライズ。それを、ヒッチコックは娯楽映画の三大要素としています。

具体的に説明しましょう。

たとえばスタジオの生中継で三人の出演者が喋っているとして、いきなり次の瞬間、机の下に仕掛けてあった爆弾が爆発する。観ている観客は「えっ！」と驚く。これがサプライズです。

次に、サスペンス。その出演者たちの足下に箱が置いてある。その箱の中には時限爆弾があり、犯人が本番前に足下に置いたところを事前に映しておく。そして、出演者たちはそれに気づかずにしゃべっている。それによって観客は「おまえら何やってんだ。こんなところでのんびりしゃべっている場合じゃない。早く逃げろ」と思わせる。これがサスペンスです。犯人も状況も背景も全て見せた上で緊張感あるシチュエーションを作って、観る側をハラハラさせる。

ではミステリーとは何かというと、サプライズで爆弾が爆発した。その爆弾を仕掛けた犯人が誰なのかは出演者も観客も分からない。それで、誰かしらが犯人を探っていくことになる。謎があって、その謎を解いていくというのが「ミステリー」です。

そして、ミステリーの映画化に関して、ヒッチコックは否定的に語っています。

「隠された事実というのはサスペンスをひきおこさない。観客がすべての事実を知ったうえで、はじめてサスペンスの形式が可能になる。（略）わたしにとっては、ミステリーがサスペンスであることはめったにない。たとえば、謎解きにはサスペンスなどまったくない。一種の知的なパズル・ゲームにすぎない。謎解きはある種の好奇心を強く誘発するが、そこにはエモーションが欠けている」（『定本　映画術』）

その上でこうも言っています。

「自分はサスペンスしか作っていない」

謎解きには知的好奇心としての楽しさはありますが、その間に謎解きしている人物の感情は動きません。だから、観る側は感情移入しにくい。これがサスペンスだと、緊張感あるシチュエーションに置かれた人物に感情移入できるので、「早く逃げて」と観ている側のエモーションが動いてくる。だからこそ、ミステリーは映画に向いていないということになります。

ヒッチコックは、「わたしはこの手の犯人さがしはけっして撮らないことにしている。

なにしろ、最後の謎解きの結末で犯人がわかるところしか興味がないからね」(『定本　映画術』)とも言っています。

ミステリーというのは、犯人が分かってしまえば、もうそれで観る側の興味が終わってしまう。そうすると映画を観ている間も、「犯人は誰か」ということばかりに興味が行き、作品自体を楽しむことができなくなる。

「犯人さがしのミステリーというやつはあまり好きじゃないんだよ。映画的じゃないんだよ。ジグソーパズルとかクロースワードパズルみたいなもんだからね。殺人事件が起こって、あとは、犯人がだれかという答えが出るまでじっと静かに待つだけだからね、エモーションがまったくない」(『定本　映画術』)

ミステリーは映画に全く向いていない。それがヒッチコックの理論でした。

ミステリーの映画的退屈

ヒッチコックの言う「ミステリーにはエモーションがない」ということを、もう少し掘り下げて考えてみます。

小説の場合、頭の中での思考回路や推理のプロセスを文章で表現することができます。

では、それをどう映像にするのか。「ああでもない」「こうでもない」と推理を口にしても、その間の映像は死んでいる。まず、そこがエモーショナルではないわけです。あるいは犯人探しのために調査する、聞き込みをするという場面も欠かせませんが、その間は情報の交換をしているだけなので、ここも感情が動かない。つまりミステリーは映画だと動きや感情表現しにくいし、推理の主だった部分も頭の中だけで行われるから画にならない。だから観ている側としては、退屈なものになってしまう。

それから、もう一つ小説と映画の違いがあります。小説の場合、人間関係が分からなくなれば、前のページに戻って確認することができる。しかし映画はそうはいきません。観る側は強制的に前へ進むしかない。今だとＤＶＤで巻き戻しできるかもしれませんが、映画館で観るとなるとそれは絶対にできない。疑問が生じた瞬間に、気になってその映画に入り込めなくなる。

しかも残念なことにミステリーは、人間関係が複雑なら複雑なほど面白い。ミステリーというのは、受け手が探偵と共に複雑なパズルを解いていく作業です。つまり、面白いミステリーであればあるほど、人間関係は複雑になる。しかし人間関係が複雑になればなるほど、映像には向かなくなる。謎解きや人物の相関に気をとられて、映像に集中できないという問題が起きてしまいますから。

小説ですら、やはりそういう複雑な人間関係は一読しただけでは分からなくなることがあります。たとえば『犬神家の一族』の原作でも、途中でこれまでの人間関係や時系列をおさらいしています。中盤、金田一に箇条書きで、事件のこれまでの流れを書かせている。しかし映画でこれをすると、その間ドラマが止まってしまうのでエモーションが消えて面白くなくなる。

テレビの二時間ドラマや刑事ドラマでは、会議室などで事件のおさらいを延々と説明するシーンを入れています。それができるから、テレビドラマの世界ではミステリーが成り立っている。テレビでなぜミステリーが許されるかといえば、映画ほど集中しないで観られるというのが大きい。「ながら視聴」が基本なので、もともと映像に集中していないわけです。だから説明的な場面を作って、画が死ぬことになっても、視聴者は音声だけ聞いていることもあるので、長々としたダイアローグも許される。

しかし、暗い中でスクリーンに釘付けにされる映画だと、画が死ぬことは許されない。ですから、娯楽映画ではどんな作品でも、クライマックスにはアクションだったり、サスペンスだったり、サプライズの要素を盛り込むものの、ミステリーの謎明かし自体をクライマックスに持ってくるということは、基本的にまずやらない。

刑事ドラマでも、たとえば『相棒』『踊る大捜査線』といったテレビドラマを映画にする時があります。これらの作品はテレビドラマの時は犯人探しのミステリーをメインにしていますが、映画化する時はそれをやっていない。大がかりなサスペンスの状況を作っていって、そこに主人公が立ち向かうという構成にしている。「映画では細かい推理をしていくような話は向いていない」と、作り手側がいかに意識しているかよく分かります。

ミステリーの要素自体は映画にとって必要なものです。ヒッチコックもたとえば『サイコ』で、連続殺人を起こさせて「誰が犯人なんだろう」という興味を観客に生じさせています。ただ、ここでのミステリーは「謎の殺人鬼がどこで襲ってくるか分からない」というサスペンスや、「実は犯人は……」というのをラストで見せて驚かせるサプライズのための伏線でしかない。メインはあくまでもサプライズとサスペンスであって、それを盛り上げるためにミステリーという要素をスパイス的に入れていた。つまり、サスペンスが〝主〟で、ミステリーは〝従〟という関係性が、今も昔もオーソドックスな映画の作り方ということです。

「ミステリーの退屈性」に挑む

ここからが本題です。市川崑は『犬神家の一族』を映画化するにあたって、「ミステリーの映像化」のタブーに挑戦しています。

まずミステリーとサスペンスの主従関係を逆転させた。つまり、「サスペンスを盛り上げるためのミステリー要素」を逆転させて、「ミステリーを盛り上げるためにサスペンスを入れていく」と変えている。そして、ミステリー映画の持つ映画的に退屈な部分を、市川崑はこの『犬神家の一族』の中で一つずつ潰していっています。

本人が探偵小説マニアで、ずっとミステリーを映画化したいと思っていたぐらいですから、相当に研究していたはずです。そして、何十年にもわたる映画監督生活で培ってきた、ありとあらゆる方法論をこのミステリーの映画的退屈を打破するために注ぎ込んでいく。市川崑のメソッド、市川崑演出の美学が、全てこの『犬神家の一族』の中に注ぎ込まれているといっても過言ではありません。

そして、「エモーショナルでない」とヒッチコックの言ったミステリーを、いかにエモーショナルなものにしていくかということに、『犬神家の一族』で市川崑は挑戦していきます。

市川崑がミステリーをエモーショナルなものにしていくために仕掛けた工夫として、まず挙げたいのが「コメディ・リリーフの起用」です。コミカルな雰囲気の人物を登場させ、芝居に喜劇要素を入れていく。

市川崑は前章で述べたように、都会派コメディが得意だった。そのため、笑いの効用を熟知していました。笑いを入れることによってメッセージは引いた視点からの客観的なものになり、より明確に伝わりやすくなる。また、どのくらいコメディの要素を入れればいいのか、そのバランスも理解できている。

「横溝さんの原作には、因果関係とか、因襲とか、極彩色のドロドロしたものがいっぱい出てきますが、そればかり押し出したら話が重くなって、娯楽映画の楽しさがどっかへ飛んで行ってしまうと思った。映画の体裁としては、グングン引き込まれていくようなスタイルがいい。脚本作りの段階で、コメディ・リリーフが絶対必要だということが分かった」（『映画たち』）と後に語っているように、市川崑は意図的にやっています。

たとえば有名な「湖の逆さ死体」。この第一発見者は、気がふれてしまった娘です。娘が湖に現れてきて、「面白いことしているわね。私も仲間に入れてよ」と言う。すると、その視線の先には、あの死体がある。つまり、死体にツッコミを入れている。本来なら一番のおどろおどろしいピークのところで、笑いに昇華してしまっているのです。

こうして、コメディ・リリーフを投入することによって、『犬神家の一族』のドロドロした世界を中和していきました。その結果、観る側に逃げ場であったり、息抜きの場を与えることができる。ドロドロした世界のミステリーを観ていると疲れてくるし、集中力も切れて飽きる。そこでふっと息を抜ける瞬間を作っているのです。

コメディ・リリーフを使った効用というのは、もう一つあります。

それは事件の概要などを説明する場面に現われています。観ている側はただ説明を聞いているだけですから、こういう場面はエモーショナルにはなりません。感情がこもっていないセリフは耳に入ってきにくい。でもミステリーをやる限りは、それをやらないといけないわけです。「事件はこういう概要です」とか「この事件の背景にはこういうことがありました」「この毒物はこういう毒物で、こうやって手に入れました」「この殺人はこういうトリックで行われました」など、全てセリフで説明しないといけない。でも、そのままやると退屈になってしまう。

そこで市川崑は、インタビュー的な捜査、事情説明、過去の説明……こうした映画的に退屈な――それでいてミステリーには欠かせない――場面の多くに喜劇的な芝居を入れています。まず加藤武が演じる警察署長に、捜査本部でコミカルな芝居をさせている。事件の報告を受ける時に胃薬を飲んで咳きこんでみたり。面白くない状況報告の場面に、「笑える芝居」というエモーショナルな動きを入れることで、観客も映像に飽きることなく説明を自然と耳に入れることができるわけです。

あるいは、神社の神官が犬神佐兵衛の隠された過去を説明する場面も、神官役の大滝秀治が素っ頓狂な芝居をしています。その伏線として、佐武が殺された後の葬儀で、息子を亡くした母親が呆然と菓子を食べている場面があります。ここで本来なら葬儀を司っているはずの神官が、その対面で同じような動きで菓子を食べている。つまり、「不謹慎な神官」だと観客に伝えている。そんな男が、素っ頓狂な感じで、過去のおどろおどろしい話をすることにより、ただの事情説明ではなくて、講談のような楽しさをもって観客の耳に入ってくる。これを真面目な神官に説明させたら、観客は飽きてしまったことでしょう。

坂口良子の重要性

コメディ・リリーフの投入により、観客を退屈させることなく説明的な場面を展開する。その象徴的な例として、金田一と坂口良子とのやりとりが挙げられます。

金田一が推理を働かせる場面の多くで、彼の泊まる旅館の仲居を演じる坂口良子を説明の相手役に持ってきています。たとえば、序盤で金田一が旅館の窓から双眼鏡で犬神家の邸宅を覗く場面。ここで金田一の横に坂口がいて、犬神家の事情を解説する。しかも、普通の口調で説明するのではなくて、力の抜けた素っ頓狂なテンションで語る。すると可愛らしい感じが出るので、観ている側は彼女に引き込まれていきます。だから、その言葉が耳に入ってきやすい。それによって、いかにこの町で犬神家が特別な存在なのかという背景が、金田一と共に理解できる。

それから複雑な人間関係を整理するために、市川崑は人物相関図を金田一に書かせています。ここでも、坂口が映り込んでくる。金田一は坂口の作った朝食を平らげた後で相関図の作成にかかるのですが、そこに膳を下げに坂口がやってくる。そして、相関図を書いている金田一に坂口が「何が一番おいしかった?」と聞いたら、金田一は興味なさそうに「生卵」と答え、坂口がムクれる。なんともコミカルなやりとりです。

これを凡庸な監督がやったら、ただ金田一に相関図を書かせて、それを映して終わる。

でも、そこに坂口良子とのコミカルなやりとりを入れることで、観客は金田一が相関図を作っている風景を楽しむことができ、自然と相関図が目に入ってくる。あの場面は何が本当にやりたいかというと、観客に相関図を見せたいんです。そのために、外側にそういう工夫を施しているんです。

だから本作に坂口良子が出ている時は、市川崑は何か別のことを狙っているな、と思った方がいい。坂口から毒についての報告を受ける場面もそうです。最初の被害者である若林は毒殺されています。その毒の成分について、金田一は坂口に調査させている。

これも普通に報告させずに、金田一が食堂で坂口にうどんを奢りながら語らせている。「毒物の説明をさせながら食事する」という、いかにも食欲を減退させる設定もウィットに富んでいるし、金田一が「食べなさい、食べなさい」と言いながら坂口がいざ食べようとすると、金田一が毒に関する質問を次々とぶつけてきて食べられない、というやりとりも楽しい。ここでも「面白い」というエモーションが観客に生まれることで、毒物についての説明を楽しく聞くことができているのです。その毒というのは最後に犯人が自殺する伏線に効いてくる大事な小道具です。だから、毒の説明は必ず観客の頭の中に残さないといけない。残すためにコメディを入れる。そうすることで、楽しい会話のリズムとともに、毒の説明も観客の頭に入ってくるわけです。

徹底した誇張

ミステリーの映画的退屈を打破していくためにやった二番目の工夫は、徹底した誇張的表現です。極端なまでに誇張された演出のもたらすサプライズにより、退屈ではなくさせているのです。

まず一つは、大げさ過ぎる感情表現。登場人物たちはみんなことあるごとに「キャーッ」と叫びます。たとえば戦地で行方知れずになっていた佐清が、母の松子に連れられて初めて犬神家に戻ってきた時に、佐清の被っていた不気味な仮面を見て松子の二人の妹たちが「キャーッ」と叫ぶとか、何か起きるたびに「キャーッ」が響き渡る。

それだけではありません。梅子が部屋でたばこを吸っていると後ろで物音がして、振り向いて「キャーッ」と言ったらただ旦那が立っていただけだったという場面や、宿屋の主人（三木のり平）が階段を下りると奥さんが立っていて、奥さんの顔が不気味に見えて驚いた主人が「キャーッ」と叫ぶとか……物語上は何の意味もない絶叫が、唐突に入ってくる。これは原始的な手法ではありますが、説明的な場面が続いたらとりあえず出演者に叫ばせて、観客の目を向かせているのです。

ところが、これがまた伏線になってくる。唐突な絶叫が続くことで観客は「いつかここで何か起きるんじゃないか」と緊張感を持ち続けるわけです。つまり、不意の絶叫により犬神家の邸宅という空間を「お化け屋敷」にしているのです。観客はまた「キャーッ」が始まるんじゃないか――しかも、今度こそ本当の「キャーッ」が来るのでは――と思いながら観ているから、日常の何気ないシーンでも、どこかソワソワしながら観るようになる。つまり、サプライズの連続により、サスペンスというエモーションを空間に創出しているのです。

「湖の逆さ死体」の映し方も、誇張が施されています。

この部分が原作にはどう書いてあるかというと、

「いつか佐武が殺された展望台の、ちょうど下あたりだった。汀に張りつめた氷のなかに、世にも異様なものがつっ立っているのである。

それはひとであった。しかし、のちにわかったあの奇怪な判じ物の意味からいえば、とひといったほうが正確だったかもしれない。なぜならば、そのひとは胴から上を氷のなかにつっこみ、まっさかさまに突っ立っているのである。そして、ネルのパジャマのズボンをはいた二本の足が、八の字を逆さにしたようにぱっと虚空にひらいているのだ。それは歯ぎしりの出るような恐ろしい、それでいてなんともいえぬ滑稽なながめであった」

市川崑は、「これをどうやって映像にすりゃいいの」と思うわけです。それでどうしたかといったら、さらに誇張した表現にしてしまった。原作ではズボンを履かせていた下半身を丸裸にする。原作では氷の上に刺さっていた死体を、湖面からそのまま突き出ているようにする。照れずにやっている。普通なら、恥ずかしくて逃げたくもなりそうな描写を、あえてさらに派手にしてしまう。これこそ、まさにサプライズです。

しかし、この場面では誰にも「キャーッ」とは言わせていない。先ほど述べましたように、発見者の娘にツッコミを入れさせて笑いにすらしている。そこで観客の緊張感を一度緩めておいてから、この死体をバーンと見せる。つまり、今度は登場人物ではなく観客に「キャーッ」と言わせる演出をしているわけです。このサプライズ演出が、お化け屋敷の最後の仕掛けとなりました。

時間の操作

もう一つの大きな誇張は、前の章で述べた「日本語の解体」です。編集によって、会話のリズムを壊していくという。あの異常なテンポのカッティングは、重々しい日本語のリズムを解体することだけが目的ではなかったのです。たとえば物語の終盤で金田一と松子が座った状態で交わす、延々と続く会話の応酬は、普通に聞いていたら退屈になりかねません。それをああいった編集をすることで観客に違和感を抱かせ、退屈にならないようにしているわけです。

それだけではありません。一族が勢ぞろいして遺言状を公開する序盤の広間のシーンでは、会話をしている当事者たちだけではなく、その周囲にいる第三者たちのリアクションが一瞬フラッシュ・ショットで短く入っている。これも、観客にハッとさせることで退屈さを打破するという目的がありますが、もう一つ狙いがありました。『犬神家の一族』の場合、複雑な人間関係をどう説明するかが大きな問題になります。この人物たちを一度に紹介するという目的で、この手を使っているわけです。

市川崑自身は、「ごく短いフラッシュ・ショットを、たくさんインサートしているでしょう。つまり、人物関係が複雑で、（略）それぞれの人物の紹介ショットを、瞬間的に挿入したんです。回想シーンにも、同じ手法を使った。その映像が初めて出てきた時には何だか分からなくても、観る人の頭にイメージの断片が蓄積されていって、あとでそれが納得できるようにね」（『映画たち』）と語っています。

最初はよく分からないけれども、段々と分かってくればそれでいいということです。そのための布石を序盤から打っている。いろんな人のリアクションを通してそれぞれの顔が映るから、観客は潜在的にその人の顔やリアクションが頭に刻み込まれることになる。

犬神一族の人たちを紹介する時、下手にやると一人ずつ何らかの紹介シーンや描写を作ることになるのですが、これも退屈になりかねない。それを一切やらずに、それぞれ瞬間のリアクションで繋げていき、退屈させないようにしているわけです。

この段階では一切フォロー的な説明はありません。それでも、観客の頭にとりあえず一度映像を入れておけば、その上で後から段々と見せることで、「ああ、そうなんだ」と分からせることができます。ミステリーというのは、どうしてもいろいろなまどろっこしい説明をしなければいけないのですが、逆に一切説明しないで短いカットで本能に訴えかけ、ある意味サブリミナル的に挿入することで突破していきました。

金田一の再構築

そして第三の手段。それは名探偵・金田一耕助の存在そのものでした。この名探偵も、市川崑は解体した上で再構築しています。

実はこれが、ミステリーをいかに映画の中で面白くしていくかという点で、市川崑の行った最も大きな工夫であり、最も大きな功績でした。

横溝原作では、金田一は「アメリカ帰りの名探偵」という設定です。既に『本陣殺人事件』も解決し、もう日本では有名人になっていて、本人もそれに対する自負がある。たとえば事件の調査を引き受ける際に、映画では何となく事件を引き受けている。なぜこの人がこの依頼を受けて、犬神一族の事件を解決しようとして動いているのかという理由や、彼の心理的動機は全く描かれていない。それに対して、原作にはちゃんとその動機が書かれています。これが実は名探偵らしい理由でして。

依頼人の若林が殺された後、「若林豊一郎を殺した人物は、若林が秘密の一端を金田一耕助なる探偵に打ち明けることを知っていて、これを防ぐ目的で、こういう残忍な所業をあえてしたのにちがいない。と、いうことはこの事件の犯人は、すでに金田一耕助の存在を知っており、かれに挑戦してきたことになるではないか。

そう考えると耕助は、心中に怒りがもえあがり、また同時に、猛然とファイトがたぎり立つのであった」と、金田一はこの時点で物凄くやる気満々なんです。「よし、俺がやったろうじゃねえか」という熱い意気込みで犯人にぶつかっていく。

若林は犬神家の顧問弁護士である古館の助手をしていましたが、佐兵衛の遺言を事前に知ってしまい、そのために殺されます。そして、古館弁護士はこれだけでは事件は終わらないと判断し、遺族の前での遺言状披露に金田一の同席を求めます。映画では、この流れをすぐに描いているのですが、原作にはもう一つ、エピソードが入っています。

原作では当初、古館は金田一のことを認めていなかったのですが、東京に電話してみたら、凄い人だということを知る。それで古館は手のひらを返すのですが、それに対するリアクションも印象的です。

「こ、こ、これあどうも、……いやはや、ど、ど、どうもどうも、……名探偵、逆に探偵されるというわけですな。しかし……いやいや、別にあやまらなくてもいいですよ。いや、ぼくにとっちゃ実にいい教訓になりましたよ。実はね、これで相当うぬぼれがあって、金田一耕助といやあ、名声天下にかくれなし……てえくらいの自信は持っていたんですからね。あっはっは」

つまり、原作の金田一はどこまでも自信家なんです。映画の飄々としたキャラクターとまるで違う。よく石坂浩二の金田一耕助は、「原作のイメージに忠実だ」と言われがちですけれども、それは外見だけなんです。キャラクターはかなり違うのです。

石坂浩二起用の狙い

ただ石坂浩二自身は、当初金田一についてあまり印象がなかったそうです。それで市川崑監督からの「金田一をやってくれ」という依頼を最初は断っています。金田一耕助は名探偵だから、ビシッと決めたダンディな役柄だと思って、「今さらそんな役やりたくない」と。すると市川崑監督は「いや、そうじゃなくて、原作の風貌に近いものでやっていくから受けてくれ」ということで受けることにしたようです。それでボサボサの頭で、汚い身なりの金田一になっていった。

でも、これ、よくよく考えてみるとおかしいんですよ。石坂浩二って、当時も今もそうですが、都会的な二枚目です。その彼にわざわざあんな格好をさせている。本人はきちっとした七三分けの人なのに、何度もパーマを当ててあの髪型にして、髪の毛も徹底的に痛めつけた。外見を作る段階でそこまでしないといけないのならば、なにも最初から石坂浩二をキャスティングしなくてもいいじゃないか、と思ってしまいます。

ところが、この作品における金田一の妙味は二つある。一つは先に述べたように原作からキャラクターを改変したこと、そしてもう一つは石坂浩二をキャスティングしたことです。この二つによって、『犬神家の一族』はミステリーの映画的退屈から抜け出すことができたのです。

では、なぜ金田一は石坂浩二でなければならず、そして原作の人物設定を変える必要があったのか。

市川崑の解釈としては、金田一はヒーローではありませんでした。「ヒーロー的な活躍をする名探偵」ではなくて、「事件の傍観者」として金田一を設定しています。市川崑の作品は、基本的に人物たちの行動や心情に対して引いた視点で物語を描き、その世界を客観視していくという特徴があります。その視点がそのまま具現化されたのが、本作における金田一耕助という男でした。

市川崑の中では、金田一耕助は「神様の使い」であり、「天使」という解釈でした。天使とは何かというと、ふわっとどこからともなく現われて、ふわっとどこか分からない場所へ去っていってしまう存在。だから実在感が全くない。

そして「神の使い」であるということは、劇中で「下界の人間」と触れ合ってはいけない、ということでもあります。つまり劇中の人間関係や事件には一切関与しないし、影響も与えない。つまり、徹底して外側にいる男なのです。

たいていのミステリーの場合、名探偵は事件や人間関係に関与します。「何とかして事件を未然に防ごう」「これ以上の悲劇は起きてはならない」と考えて、そのための努力をする。ところが金田一は外側にいて、最後まで全く手出しをしない。これは当時としても、珍しい探偵像でした。

市川崑自身は、「金田一耕助の設定を少し変えさせて貰うように、横溝さんの了解を得た。（略）存在そのものは、神の使いみたいにしたかった。原作のようにアメリカ帰りの名探偵じゃなくて、『金田一って何だ？』というような、無名の風来坊が事件に巻き込まれていくという扱いにした」（『映画たち』）と語っています。

映画における金田一は、「凄い」と事前にみんなが知っている名探偵ではなく、「誰だよ、この小汚ない男は」と思われるような謎の人物。そういう人間が、ふらっと現れて、ふらっと事件を解決……と思いきや解決していないんです、実は。ふらっと来て、事件が終わったら概要を説明して、ふらっと去っていくだけです。

熱血漢でもヒーローでもなく、主体性なく飄々としていて、醒めた目で客観的に世界を見つめる――そんな金田一は、まさに市川崑らしい主人公像だったと言えます。

金田一＝天使

そして金田一を「天使」として設定したことが、『犬神家の一族』というミステリーを映画的に退屈ではないものにしていく上で、大きな効果を及ぼすことになります。

その理由として、まず指摘しておきたいのは、視点の位置です。

金田一を天使にすることで、彼は「事件＝作品世界」の外側にいるということになる。外側にいるということは、同時にそれは観客と同じ目線で事件を見つめているということでもあります。

通常のミステリーは「事件が起きる」「困っている依頼人がいる」「誰か解決してください、防いでください」となって、ようやく探偵が現れます。つまり、事件が先にあり、探偵は後に来る。これが基本的なパターンです。

ところが映画の『犬神家の一族』は違います。金田一が劇中に現れた時点では、彼はまだ事件のことは何も分からない。というより、まだ事件は起きていません。そして金田一が訪ねてきたところから、事件が始まる。宿の窓から双眼鏡で湖を覗き見ていたら、一艘のボートが沈もうとしていて、金田一は「危ない」と走っていく。これが全ての事件の発端です。

この場面で金田一は初めて犬神御殿を見ています。同時に観客も初めて犬神御殿を見る。その瞬間に事件が始まる。つまり金田一が情報を知るにつれて、同時に観客も知っていくという構成になっていて、金田一耕助の目と観客の目がずっと一体化しているのです。そのため観客は「次に何が起きるか分からない」というサスペンス性をもって、映像に触れることができる。金田一が劇の中ではなくて外側にいる人だから、そのような構成ができました。

象徴的な場面が、最初の死体発見の場面です。竹子の息子・佐武（地井武男）が殺され、その生首が菊人形の上に置かれているのを金田一が発見するシーンです。

このシーンは、まず古館弁護士が警察に「もしもし、警察ですか」と電話すると、警察官がそれを受ける。が、この時点では建物の外にカメラを置いて、二人のセリフは聞こえない。つまり、観客には何が起きたのか分からないようにしている。連絡を受けた金田一自身も、この段階では何があったか分からないまま現場に向かって走り出す。屋敷に入ってきた金田一に対して、古館弁護士は「金田一さん、分かりますか？」と聞く。「分かりますか？」と聞くということは、古館はこの時点では金田一に何も教えていないということです。そして、金田一が何も分からずに菊人形を見ていく。

この時、カメラは金田一の主観ショットになる。つまり、金田一の視界そのものが、映像に映っている。同時に観客も金田一の視点に乗っかることになる。そして、菊人形の上に生首を発見したところで、金田一は悲鳴を上げて腰を抜かす。これは金田一だけでなく、同時に観客のリアクションにもなってくる。

つまり「金田一は外側にいる」→「外側にいるから、金田一は何も分からない」→「何も分からないから、最初に見つけた時に悲鳴を上げる」→「同時に、金田一の視点と一体化した観客も悲鳴を上げる」という手法によって、この場面に「ただの状況報告」だけではない、「死体発見」というサプライズを生み出しているわけです。

石坂浩二自身は、金田一耕助の役割は「事件の中継車」と言っています。ニュース番組では、テレビ局が事件現場に中継車を出して、そのカメラを通して我々は現場の様子を知ることになります。金田一の役割もそれと同じだというのです。「事件現場でこういうことが起きています」ということを、金田一の目を通して我々は知ることになるのです。

金田一＝ナレーター

石坂浩二はもう一つ重要なことを言っています。それは「金田一はナレーター」ということです。つまり金田一耕助は、「名推理で謎を解いて事件を解決する」役割ではなく、「観客に対して事件の内容を説明する係」だということです。これも、金田一を「ヒーローではなく天使」に設定した大きな意味の一つです。

普通、事件の概要をナレーションで説明する場合、ナレーターを使います。ところが、ナレーターに語らせると、いかにも硬い感じで説明っぽくなり過ぎて、聞いている側は退屈してくる。これもまた、ミステリーを映像化する場合の難しさでもあります。

『犬神家の一族』では、その役割を実は金田一にさせているのです。よく観てみると、劇中では金田一が推理を進める過程はほとんど描かれていません。金田一が語るのは、あくまで「既に分かったこと」のみです。推理の過程というのは頭の中だけで展開されるものなので、このプロセスを探偵に説明させると映像的には退屈になる。そこで市川崑はこれを思い切って削除した。同時に、彼の言葉を借りて観客に「現在の状況」を説明させている。つまり、ナレーターの役割を金田一が果たしているということです。それは、金田一という劇中のキャラクターにその場でナレーターをやらせることで、「いかにも説明っぽくなり過ぎる」という退屈性を逃れようという工夫でもありました。

ナレーターの役割は「確かな事実」を観客に伝えることです。そのため、実在感があってはいけない。生々しい人間になってしまうと、そこに感情のフィルターがかかってしまう。一人の人間として劇中に参加していると、たとえば好意、同情、あるいは憎悪。そういった感情が生まれ、ナレーターとして伝える情報にバイアスがかかってしまう。そのため、ナレーターは絶対的に客観的な立場にいないとその役割を果たせない。そのためにも金田一は、作品世界の外側の存在＝天使である必要があった。

石坂浩二を金田一にキャスティングした理由も、金田一がナレーターであるという設定が大きかったと考えられます。市川崑は、この「金田一＝ナレーター」という役割を成立させるために、石坂浩二をキャスティングしたのではないか、と。

市川崑自身は、「彼は二枚目半の感じができる」「都会的な雰囲気があるから、こういう世界の中和に合っているんじゃないか」と『映画たち』で石坂をキャスティングした理由を話しています。が、それだけではないと思っています。

それは「石坂浩二にナレーションをさせたい」ということです。石坂浩二は名ナレーターでもある。その石坂浩二が探偵として事件の概要をナレーションすれば、「複雑な事件の内容や背景を長々と説明しなければならない」という映像的退屈を生み出す枷からミステリーを解き放つことができる。市川崑はそう考えていたのではないか。

名ナレーター・石坂浩二

ここで、「ナレーターとしての石坂浩二」について考えてみます。

彼はたとえば『ウルトラQ』『ウルトラマン』といった特撮番組でナレーションを担当していましたが、そうした非日常のSF的な世界でも、石坂浩二がその背景や状況を説明することで、「現実で本当にそういうことが起きているんじゃないか」と思えてしまう。NHKの紀行ドキュメント『シルクロード』では、中国の聞きなれない地名やマニアックな歴史背景も彼の声を通して聞くことで、大地の悠久として感じることができる。また、一転してホームドラマ『渡る世間は鬼ばかり』のナレーションもしていましたが、橋田壽賀子がドラマの中では描き切れなかった人物の裏側の心理を石坂浩二のナレーションが説明している。それによって、画面にそう映っていないにしても「ああ、この人はこう思ってるんだ」と思えてくる。それだけ石坂浩二のナレーションには説得力があります。

石坂浩二自身も、ナレーションにはこだわりがあると言っています。もともと彼は声がわりに失敗して、自分の声をうまく出せない時期があった。そこでボイストレーニングに通って、音域を広げる練習を始めます。その時に気づいたのが、声にも実はメジャー、マイナーがあるということ。つまり長調、短調がある、と。これを使い分けられるようになったら、幅広い表現ができるんじゃないかと思うようになる。それを意識するようにしてから、他の芝居を観ても見え方が変わってきたという。たとえば宝塚の『ベルサイユのばら』は、マイナーの声で芝居しているな、とか。

この技術と視点が、ナレーションをする時に生きてきます。良いナレーションは、BGMの音楽と合わないといけないと、石坂は考えます。たとえば、音楽がメジャーだったら、自分のナレーションもメジャーでいたら音がぶつかり合って聞きにくくなる。そこで、音楽がメジャーだったら自分の声はマイナーで行く。そういう計算をしているのです。

石坂浩二は「ナレーションというのは、音楽と微妙に合って、観ている人たちが聞きながらすーっと流れていくようじゃなければいけない」ということを言っています。つまり観客に「あ、ナレーションやってるな」と意識させてはいけない。映像に対してナレーションは脇役でないといけないから、そこで目立ち過ぎてはいけない。目立ってはいけないけど、説明の中身をちゃんと理解してもらう必要もあるから、耳にも残らないといけない。そのためには高度な技術が必要で、石坂浩二はその名手であるのです。それが、石坂ナレーションの説得力の源泉でもありました。

金田一を演じながら石坂浩二は、事件の背景や内容を観客に説明している。これはナレーションをやっているということでもあるのです。つまり事件の説明をさせるために、金田一耕助がいる。そのためには、これを演じるのは名ナレーターでもある石坂浩二でなくてはならなかった。

声のアンサンブル

石坂浩二のナレーション技術が生きたのは、単独で事件を説明する場面だけではありません。彼は共演者の発する声の音に応じて、自らのセリフの発声を作っていくことができる。それによって、双方の声のアンサンブルが生まれる。このこともまた、説得力の源泉になっています。

芝居というのは単体の役者の音だけではなくて、複数の役者の発する音によってシーンが構成されています。たとえば、多くのシーンでは古館弁護士を演じる小沢栄太郎や警察署長を演じる加藤武が石坂の相手にいます。二人ともガラガラした声を切り口上でまくしたててくる。石坂浩二はそれに対して高めの抑えたトーンで発声をしている。あるいは坂口良子とのシーンでは、彼女の高いけどノンビリした発声に合わせて、少し低めに早い口調で発声している。そうした声のアンサンブルが生まれることで、双方のやりとりが耳に入って来やすくなる。この計算ができるところが、石坂浩二の凄味です。

事件の説明のシーンは、基本的にこうしたやりとりの中で行われる。ここで互いの声がぶつかり合うと、観客の耳が拒絶反応を起こします。そうなると、必要な情報が分からなくなってしまって、作品世界に没入できなくなる。それが石坂演じる金田一の場合、声のアンサンブルによって心地よい音楽を聞いているように、説明のセリフが観客の耳にスムーズに入ってきます。

そのおかげで観客は耳に神経を使わないで済む。だから、心おきなく映像に集中できるのです。ヒッチコックが問題視していた「謎解きに頭が行って映像に集中できない」という点を、これでクリアできる。石坂個人のナレーション技術、それから共演者との声のアンサンブルによって、観客は耳で無意識に「なるほど」と思いながら、映像に集中して作品世界を楽しめるわけです。

極端な話をすれば、観客にはその説明をしている瞬間に全ての内容を理解させる必要はない。観客としては全てを理解しきれなくとも、「え？」という疑問を持つことなく映像にスムーズに没入さえできれば実は楽しめていたりします。『犬神家の一族』で、金田一はいろいろな状況説明をしていますが、ほとんどの観客が一度で全て理解しきれているとは思えません。分かった気になっているだけではないでしょうか。しかし、それが大事なのです。「分かった気」にさえなれば、観客は意識を止めることなく前に進めることができる。

ミステリーで大事なのは、観客に「これ、どういう状況なんだ？」「ここ、どういう人間関係？」「どういう背景があったんだっけ」という疑問を持たせて、意識を後ろに戻させないことです。一度でも意識が後ろにいくと、映像はその間も前に進み続けるからもうついていけなくなり、作品世界に没入できなくなる。全てを理解しきれなくとも、とりあえずその場でなんとなく「なるほど」と思わせることができればそれでいい。「それでいい」とは言うものの、そのためには相応の説得力が必要なわけで、その説得力が石坂浩二のナレーション技術にあるということです。

それから彼のナレーションの大きい所は、声に透明感があって澄んでいるところ。だから、おどろおどろしい作品世界に溶け込んでいない。溶け込んでいないからこそ、劇中の他の声にまぎれないで外側の声として浮くことができる。だからこそ、事件の説明のナレーションとして聞きやすく耳に入ってくる。

市川崑はその辺を意識的に利用していたと思います。たとえば先に挙げた、大滝秀治の演じる神官と金田一のやりとり。ここで大滝は、事件の重要な鍵となる過去の出来事を語るのですが、普通ならその全ての内容を彼に語らせます。ところがこのシーン、大滝が語るのはその過去の出来事の冒頭のところだけです。その後はシーンが移り、話の続きは金田一が古館弁護士に報告する形で、石坂の口から語られている。

大滝の作り込んだ独特の発声でずっと背景説明を聞いていると、観客は疲れてくる。最初は喜劇的な面白さがあってキャッチーなのですが、ずっと続けて聞いていると耳が不快感を催してくる。そこで、その説明の役割を途中で石坂浩二にバトンタッチさせているのです。

安全圏を作らない

市川崑が金田一を天使としてキャラクター設定した理由としては、まず金田一を「客観的な視点＝中継車のポジション」に置くことで、観客の視点と同一化させて、サスペンスとサプライズを生み出すということ。金田一を物語の外側に置くことで、石坂浩二のナレーションを生かす効果もある。

ただ、それだけではありませんでした。大活躍するような名探偵が劇中にいるということは、その作品はミステリーであると同時にヒーローものになります。観客としては「スーパーヒーローがそこにいるから、最終的にはこの人が解決してくれるだろう」「登場人物たちがピンチになっても、彼が守ってくれるだろう」という気持ちになるから、安心感が生まれる。その安心感は「どうせこの映画は最終的にこいつが解決して終わるんだ」「何か危機的なことがあっても、どうせこの人が守ってくれる」という退屈さを生み出しかねない。

ヒッチコックが「ミステリーには謎解きのパズルしか楽しみがない」と言う理由の一

つは、まさにここです。名探偵というヒーローの存在が作品世界をサスペンスとサプライズのない安全圏にしてしまい、観客の興味は謎解きにしか向かわなくなり、エモーションが消える。

金田一を天使に設定したことは、実はこの問題の対策にもなっています。天使だから、存在感がない。それは頼りないということでもあります。そのため、名探偵の周辺は安全圏になるはずが、金田一の周りにいたところで作品世界に全く安全圏を感じさせない。しかも警察との信頼関係もないし、その警察まで全くの役立たずときている。登場人物たちのいる空間は、どこにも安全圏がないのです。

結果、絶叫の連続によってお化け屋敷と化した犬神御殿が、さらなるサスペンス空間として浮かび上がってくる。観客はいつどこで誰が襲われるか分からない中で震えながら、このお化け屋敷的な感覚に浸ることができる。だからこそ、金田一を頼りない人間にする必要がありました。

金田一がいかに頼りない人間かを強調するために、市川崑はかなり誇張した演出をしています。その代表が、菊人形の生首発見シーンです。金田一は菊人形に置かれた生首を見るや悲鳴を上げ、さらに腰を抜かし、地面に転がる。あそこで金田一が冷静な対応をしていたら、サスペンスとサプライズが消えてしまいます。

原作でも菊人形のシーンで金田一は驚いています。ただ、その次の瞬間に金田一は、「思わず一歩乗り出した」と書いてある。驚きを、好奇心が上回っている。でも映画では、悲鳴を上げて、さらに腰を抜かす。徹底して頼りないリアクションをさせています。

映画の早い段階で、金田一の情けない姿を見せることで、「コイツは、いざという時に頼りにならない」という意識を観客に植え付けているのです。それによって、「金田一なら最終的に事件を解決してくれるだろう」という安心感を取り払い、一気に観客を不安で不穏なサスペンス空間に放り込んでしまうのです。

金田一は「解決」しない

おそらく、多くの人はミステリーに接する場合、「最終的に事件は解決する」ということを大前提にしていることでしょう。この「解決」こそがミステリーのクライマックスになるのですが、では何をして「解決」と呼ぶのか。市川崑はここも徹底的に掘り下げています。

よくあるパターンは、最後の悲劇の起きるギリギリの所で名探偵が推理を働かせて、事件を未然に防ぐ。犯人が誰かを明らかにした上で、最終的に守るべき人を守る。これが多くのミステリーにおける「解決」になります。

ところが、『犬神家の一族』で金田一は、そうした意味での「解決」はしていません。最終的な悲劇まで全て起きた上で、そこから推理を披露している。全てが終わった後に現れて、裏側で何が起きたのかということを、我々に教えてくれるだけです。大団円のように見せてはいるが、実は金田一は事件を「解決」していない。最初から最後まで、事件の状況と背景を観客に教えてくれているだけです。

金田一は天使だから、現在進行形で起きている事件に対して、絶対に関与してはいけないのです。だから、悲劇を未然に防ぐことは許されない。未然に防がないし、防ごうともしない。それによって、サスペンスの状況が生まれます。

石坂浩二は筆者の取材に対し、次のようなことを言っています。

「監督は金田一を神とか天使のような存在だと言っていました。確かに彼は傍観者だと思うんですけれども、僕はそれだけではないと思う。運命論者なんだ。つまり先祖からの血の流れに起因した事件は、あるところまで行かないと片がつかないと思って、金田一はあえて見過ごしている。だから全てが終わってから解答を出す」

殺すべき全ての人間を殺させ、さらに真犯人も自殺する。そこまで行かないと、犬神家の呪われた血の因襲は終わらない。それを途中で防いでしまったら、本当の「解決」にならない。それが市川崑と石坂の考えでした。

これは後のシリーズ作品にも言えることで、たとえば『悪魔の手毬唄』でも犯人は最終的に自分の娘を殺してしまう。そして、その時の娘の想いに気づいて自殺する。過去の事件に起因する全ての悲劇は、ここで終止符が打たれる。ここでも金田一は、全てが終わるまで放置しているのです。絶対に途中で止めない。途中で止めることは「解決」ではなくて、あくまでもそれは「上っ面の団円」に過ぎない。それが、市川崑の根底にあります。

過去からの因業の起承転結を全て犯人につけさせて、それが終わったところで何が起きたのか、なぜ起きたのかを観客に報告する。それが、金田一の最終的な役割だった。つまり、金田一は「天使」でありながら「死神」でもあるということです。彼が現れたところから事件が始まり、そして止まることなく人が殺され続けていく。面白いのは、これまで市川崑の映画で「死神」のポジションを一手に引き受けてきた浜村純が、『犬神家の一族』を始めとする金田一シリーズには登場しないことです。それは、その役目を金田一が担っていたからではないでしょうか。

人間ドラマの前景化

金田一が天使として設定されることで浮かび上がるエモーションは、サスペンスとサプライズだけではありません。名探偵の存在が外側に出ることで、犯人と事件の当事者たちの人間ドラマが表に出てきます。

市川崑自身は、この『犬神家の一族』をこう解釈しています。

「これは愛の話だということですね。悲劇の元凶である犬神佐兵衛翁の怨念と対比して、いろんな人々の愛情が描かれている。僕は横溝さんの原作を読んで、そう感じました。ただの遺産の奪い合いの話じゃないと」(『映画たち』)

つまり、当事者たちの愛憎が入りまじった物語を、彼は描きたかった。

市川崑による金田一シリーズには、「戦争と父権」というテーマが通底しています。父権が戦争により歪な形に変貌し、その理不尽な力によってふみにじられた愛のもたらす悲劇が、その全ての作品において描かれている。父親が何か身勝手なことをして、戦争が起きて社会が一変する中でそのことが浮き彫りになる。そして残された子供たちが、その身勝手の後始末を押しつけられて悲劇的なことをせざるを得なくなってくる。

シリーズ二作目の『悪魔の手毬唄』もそうです。戦時中に父親が、あらゆる所で女を作り、娘を産ませてしまった。ところが、そのことを知るのは妻と村の庄屋だけ。そして戦後、成長した娘たちと自分の息子の間で結婚の話が持ち上がる。その娘たちを息子に嫁がせるわけにはいかないので、母親が娘たちを殺していく。あるいはシリーズ最終作『病院坂の首縊りの家』では、父親に犯されてできた娘に起因して事件が生まれる。

『犬神家の一族』もそうです。大富豪・犬神佐兵衛は、自分の娘たちの誰にも愛情を注げなかった。ただ、妾の青沼菊乃とその子・静馬《しずま》には愛情を注いだ。ところが、そのことを知った娘たちは菊乃と静馬を手酷く傷つけてしまう。この一件が、臨終間際の佐兵衛に異常な遺言を作らせる。そして、父からも母からも愛されず、一心に我が子・佐清に愛情を注ぐ佐兵衛の長女・松子は、その愛のために連続殺人に手を染めていく。しかし、松子に復讐をしようとする静馬にそれを利用され、そのことで佐清が苦しむことになる……、という愛憎の錯綜する物語になっています。

そして、その背景には戦争という悲劇が横たわる。『犬神家の一族』で言えば、佐清としては自分のせいで戦地で部隊が全滅してしまったという悔いがあるから、おいそれと帰ることができない。ところが、その間に青沼静馬が犬神家への復讐のため、佐清になりすまして犬神一族に入り込んできた。その静馬も戦争で顔に大怪我を負ったため、あの仮面をかぶることになった。この入れ替わりが、悲劇の発端になっていく。

つまり、この物語はミステリーであると同時に、理不尽に苛まれる人々の悲劇でもあるのです。これを人間ドラマとして終結まで描くためには、部外者の金田一が変に活躍しては邪魔になる。そのために、外側の傍観者という位置に金田一を配置し、観客への報告係に徹させたのです。

石坂自身としては、そうした無力な金田一を演じることには切ない葛藤もあったようで、そのことが二〇〇六年に『犬神家の一族』をリメイクした時のラストシーンの変更に繋がっていきます。

ネタバレとミスリード

人間ドラマを盛り上げる上で、市川崑はミステリーの禁じ手を使っています。

それは、最後の殺人の直前で、原作では最大のトリックであった「仮面を被っているのは、本当に佐清なのか」についての真相を、早い段階で観客に提示したことです。この脚色が、かえって『犬神家の一族』をミステリー映画として比類なき完成度へと導くことになります。

多くのミステリーでは最終的に登場人物を一カ所に集めて、名探偵が自分の推理を滔々《とうとう》と語って聞かせるというのが基本的なパターンです。これを映画で長々観させられると観客は退屈になってきます。『犬神家の一族』でも、原作ではそれをやっています。ところが、映像化するにあたって、市川崑は一度これを解体して再構成している。

原作では、犯人の松子が全員の前で告白するという形で事件の全貌が明らかになります。市川崑はそれを複数のシーンに分けました。

そして、観客に最初に提示したのが、「佐清と静馬の入れ替わり」でした。つまり、誰もが佐清だと思っていた仮面の男が、松子の前で自らそれを脱いで「俺は青沼静馬だ」と名乗ってしまう。そして、次のシーンで湖の逆さ死体としてみつかる。

「あの仮面の中にいたのは佐清ではなかった」というのは、ミステリーとして最も重要なトリックです。本来なら最後まで引っ張って、事件の「解決」場面で金田一に指摘させるなり、松子に「あいつは佐清ではなく、青沼静馬だったから殺した」と言わせるべきなのです。それによって、どんでん返しが生まれる。実際に原作は、そのような構成になっていました。

ところが市川崑は、回想シーンではなく物語と同時進行の時系列で、この謎を明かしてしまいます。つまり、金田一を含めた劇中のどの登場人物（松子を除く）より先に、ミステリーの真相を観客が目撃することになっているのです。

これにより、原作で仕掛けられたミスリードのトリックが霧散することになりました。湖の逆さ死体を、原作では発見時にあえて「佐清」という表記をしています。「佐清が死んだ」と思わせることで、「犯人は静馬ではないか」「そうなると松子は犯人ではないだろう」「復員服を着て現れた謎の男、あれが静馬か」と読者をミスリードしている。だからこそ、「実は佐清が生きていて、殺されたのは静馬だ」という、最後の金田一の推理と松子の告白で読者は驚くことになる。

では、なぜ市川崑はこのトリックを先に観客に明かしたのか。

ここで市川崑が巧みだったのは、静馬の正体は見せているものの、その時点では「誰が殺したのか」までは見せずに、「次のシーンではもう死体になっている」という場面展開にしていることです。それにより、殺されたのは静馬であることが分かるものの、殺した犯人は佐清か松子か、どちらか分からないという形で謎を残している。

つまり、「佐清は仮面の男ではなく、復員服の男だ」ということが誰の目にも明らかになったのですが、今度は「では、犯人は松子と佐清のどちらか？」という新たなミステリー要素が生まれている。そして、観客の興味から「仮面の正体」が消え、「犯人は松子か佐清か？」へと関心が絞り込まれる。それは同時に「これは母と子の物語でもある」というエモーションが劇中に生まれることにもなります。

結果、観客はここから先、母子の人間ドラマを味わうのと同時進行で犯人探しをすることになり、その謎解きはヒッチコック言うところのただの「好奇心の知的パズル」だけではなくなる。つまり、市川崑はミステリーを構成する重要なトリックを事前に観客に見せることで、映像的退屈さを観客に味わわせることなく終盤の犯人探しを描くことに成功したのです。

「クライマックスの前にトリックを明かして、最後は父子のドラマで泣かせる」という構成は、その前に『砂の器』で橋本忍が使ってはいます。が、橋本は犯人の名前も予め明示した上で父子のドラマを描いた。そのため、『砂の器』はミステリーではない、純粋な人間ドラマとしての感動を生むことになる。が、『犬神家の一族』は、犯人を明かさずに最後の母子のドラマに突入する。ですから、ミステリーとしての砦は、依然として残ったままなのです。

大団円の解体

市川崑はその後の場面展開でも、原作では一気に語り尽くした事件の真相を、分割したシーンの中で徐々に明かしていきます。そのことで、ミステリーとしての興味を最後まで引っ張るのと同時に、各場面にそれぞれエモーションを作り出している。

まず取調室で金田一が佐清と一対一になり、ここで「自分が犯人だ」と佐清に言わせる。いったん「佐清が犯人だったのか」と観客に思わせておいて、今度は松子と金田一の一対一のシーンになります。なかなか松子と佐清の母子を会わせません。この場面の最後で金田一が初めて、「犯人はあなたですね」と松子に言う。松子はそれを受けて、「佐清に会わせてください」と申し出る。そして、今度は金田一がいない状態で佐清と松子は対面する。最後はそれを踏まえて、初めて全員が集まって、金田一が全ての真相を語ることになる。

段階を踏み、それぞれ一対一の構図の中で裏側のドラマを語らせていったことで、それぞれの場面で明かされる真相がただの「パズルのピース」ではなく、濃厚な感情を持ったドラマとして観客に突き刺さってくることになります。たとえば佐清と金田一のやりとりの中で明かされる「なぜ静馬と佐清は入れ替わったのか」の真相は、「母の犯罪を見てしまった息子の悲劇」という形で伝わってくる。

そして、今度はそのことを金田一が松子に報告することで、「連続殺人の真犯人は松子」という真相が「自分が人を殺しているところを息子に見られてしまった母親の悲劇」として浮かび上がる。この段階で、この母子が両方とも心に傷を持ち、互いを想うあまりに手を汚した者同士ということが観客にも分かります。

その上で金田一が引き下がる。ようやくこの母子は水入らずで会うことになり、想いのたけを語り合います。そして、この母子の間でしか話せないことをここで初めて互いに語り合っていくことによって、全ての真相が明らかになる。

つまり、それぞれの真相にふさわしい告白のシチュエーションを一つ一つ与えることで、観客はそこで明かされる事実をドラマとして感動とともに受け止めることができるのです。だからこそ、エモーショナルな状態を保ったまま、謎解きのピースの穴埋めをすることが可能になりました。

そして、ラストに全員を集めての説明になります。この段階で観客は母子に感情移入し切っているし、それを金田一がどう受け止めているかも分かっています。そのため、長々と続く金田一の説明もまた、金田一本人は感情を込めて語っているわけではないのに、エモーショナルなものとして耳に入ってきます。だから退屈しないのです。

この計算され尽くしたシーンの割り方、これもまた市川崑の仕掛けでした。

シリーズのパラレル・ワールド化

『犬神家の一族』、そして続く『悪魔の手毬唄』もそうなのですが、ネタバレをした後でも何度観ても面白い。その理由は、犯人探しの面白さだけではなく、ここまで挙げてきたような魅力的なディテールに満ちていることが挙げられます。それから、初見時にはなんとなく分かったつもりになっていた背景の多くが、何度も観ることで理解できてきて、ドラマの深みが一段と感じられてくるからというのが大きい。

そもそもこの『犬神家の一族』は、原作本のパブリシティのために作られた映画です。映画を観て先に犯人が分かってしまったら、誰も本を買わなくなる恐れがある。ところがこの映画の公開後、逆に本が売れたわけです。これは、映画だけでは理解し切れなかった背景や真相を小説でもっとじっくり知りたい、そうした答え合わせをしたい、という観客の欲求によるものも大きかったのではないでしょうか。

その後のシリーズでも金田一を天使であり続けさせるため、市川崑はある工夫をしています。


「金田一はどこの誰だか分からないやつ」という前提があるから、「天使」という設定は成り立ちます。ところが、『犬神家の一族』を解決してしまっているわけですから、次作からはどうやっても「名探偵」扱いされるしかない。そうなると必然的にヒーロー化し、天使ではいられなくなる。

それに対処すべく市川崑は、それぞれの作品を時系列の繋がりのない別空間、つまり「並行宇宙」として描いています。『悪魔の手毬唄』も『獄門島』（一九七七年）も、『犬神家の一族』から続く一連の作品のように見せて、実はそれぞれ全く別世界・別空間の話として設定されているのです。続編としての時間的・空間的な繋がりは、実は全くありません。

どこでそれが分かるかというと、加藤武演じる警察署長です。どの作品でも、彼が出てきた時は必ず、金田一と初対面という設定になっています。いつも「おまえ誰だ」というやりとりから始まる。つまり、一つの作品が終わったら、その設定は一度リセットされて、またゼロから新たな関係性が始まっているのです。
続編という設定になると署長は、「金田一は名探偵」という前提で接さざるをえなくなりますし、コンビネーションや信頼関係が生まれます。同時に、『犬神家の一族』の事件を解決した、『悪魔の手毬唄』の事件を解決した……その前提を次作で実績化してしまうと、金田一はヒーローになっていかざるをえなくなる。そうなると、安全圏が生まれてサスペンス性が消え、ミステリーの映像的退屈さが再び前面に出てきてしまうことになります。
金田一は、とにかく不安定で頼りない存在でなければならない。そのために市川崑は、事件が終わったら設定を必ずリセットしたのです。全ての作品は繋がりのないパラレル・ワールド。加藤武を同じ役で使い続けることで、「この作品は前作からリセットされたパラレル・ワールド」だということを、市川崑は観客に提示しているのです。

傑作『悪魔の手毬唄』、それから……

シリーズ第二作の『悪魔の手毬唄』は、『犬神家の一族』で様々な試みをしたことが研ぎ澄まされて、一つの完成形となった作品と言えます。『犬神家の一族』はもちろん名作に違いありません。が、一方では「いかにしてミステリーを映像的に面白くするか」試行錯誤を繰り返した実験的作品でもある。『悪魔の手毬唄』は、それらを踏まえて作られたため、完成度としては前作をしのいでいます。

たとえばコメディ・リリーフの使い方。特に三木のり平や大滝秀治とのコミカルなやりとりを通して事件の背景を説明していく描写は、一作目よりもさらに面白い。

それから、ドラマとしても秀逸です。今度は娘が母親の犯行に気づく。『犬神家の一族』の時は、母親の犯行を隠すために頑張る佐清がいたわけですが、今度は親の犯行をやめさせるために、娘が本来被害者となるはずだった人間と入れかわって、自ら母親に殺されてしまう。そして最後は、その真相を知ってしまった母親の悲劇、そして犯人を許せないと思い続けていたのに、犯人が母親だと知った息子の慟哭……と、母子の悲劇がより鮮明になっている。つまり、『犬神家の一族』の中で試みたことの完成形が、『悪魔の手毬唄』だと言えるのです。

ただ、この二作で市川崑は使える手を打ち尽くしました。あとは、同じパターンを繰り返していくしかない。シリーズ第三作の『獄門島』では、はっきり言うともうネタ切れになっている。市川崑本人も、もうここで終わりにしたかったようです。それで小手先のサプライズとして、『獄門島』では原作と犯人を変えたりしていますが、今度はそれによって物語として無理が生じてしまう。『映画たち』によると、本人も「くたびれている」と振り返っています。横溝正史の原作は、設定や人間関係が複雑だから、そこを一つ一つ丁寧に解体・再構築していくことは大変な作業になる。それを毎年のように作らされるとなると、どうしてもテンションは落ちてきます。

市川崑本人としては、『犬神家の一族』で燃え尽きている。もうやりたくないというのに、『悪魔の手毬唄』をやることになり、前作を研ぎ澄まして完璧な作品にしてしまう。これで終わりかと思ったら、今度は『獄門島』を作らされる。ここで市川崑が疲れていると感じさせられるのは、金田一のキャラクターにぶれが生じている点です。

物語の終盤で金田一は、大原麗子扮するヒロインに「あなたはこの島から出なければいけない」と言ってしまう。天使が劇中の人物の人生に関与しようとしているのです。よりによって金田一のキャラクター性、しかも「天使」という大前提にぶれを生じさせてしまった。そのぐらい市川崑の中で判断がつかない状況になっていました。

続く『女王蜂』（一九七八年）に関しても「これでもう終わりだ」と作ることになる。ただ、もう市川崑は次回作の『火の鳥』（一九七八年）の準備に熱を上げてしまっていて、新東宝時代の盟友だった松林宗恵《しゅうえ》監督に協力を仰ぐ。松林監督は「協力監督」としてクレジットされているものの、実際には重要な場面も含めて半分ぐらいを撮っています。

それでもシリーズは終わらず、今度こそ本当の最終作の『病院坂の首縊りの家』を撮る。市川崑は開き直って、物語の途中で金田一を消えさせています。過去の事件を調査するといって、あとは草刈正雄の演じる写真館の助手に任せて現場から消えてしまう。最後に金田一が戻ってきて、そこで全てを説明させて、力ずくで終わらせています。映像の美しさはシリーズでも屈指なので、なんとなく感動的にはなっているものの、市川崑本人は、もう弾を出し尽くした状態だったのです。

『犬神家の一族』リメイクと天使の贖罪

『犬神家の一族』から二十年が経ち、一九九六年に市川崑は『八つ墓村』を撮ります。これは失敗作だったと思います。なんといっても、金田一耕助が完全なミスキャスト。ここで初めて市川崑は、石坂浩二ではない金田一を持ってくる。それが豊川悦司。彼では天使になりません。見るからに陰気なので、横溝正史の陰惨な世界に溶け込んでしまう。作品世界の外側にいるように見えず、内側にいる登場人物として映ってしまう。そのために、「天使」感が出なかった。

このキャスティングにはもう一つ、大きな問題がありました。市川崑作品における金田一にはナレーターとしての役割があるのに、豊川の声は低くてどこかヌメリ気がある。しかも、石坂浩二のような卓越した技術もない。そのため、彼の長々とした説明を聞いていると、耳がつらくなってくる。

ここでは金田一が、天使でも中継車でもなくなっているのです。市川崑もついに老いてきたなと思わせる内容でした。

そして最終的には二〇〇六年に『犬神家の一族』をリメイクします。しかも、リメイクどころか、オリジナルと同じ脚本で同じコンテで作ってしまう。

筆者はこれを映画館で観た時に、途中で帰りたくなりました。とにかく、役者の演技も映像も粘りが足りないのが明らかで、迫力に欠ける。しかもそれが同じコンテ、同じ脚本で作られているものだから、過去の『犬神家の一族』の美しい記憶がこの出来損ないのリメイク作によって上書きされていく。それが耐えられなくて、「やめてくれ！やめてくれ！」と心で叫びながら、客席にいました。

ところが、ラストシーンで泣いてしまった。ラストシーンだけ、大きく変わっているのです。オリジナルは、金田一が慌てて汽車に飛び乗っていきなり「完」と出る。これをリメイクでは変えている。田舎の一本道を金田一が歩いていって、恐らく犬神家のあった方向に振り返り、軽く頭を下げて終わる。ここで、天使だと思っていた金田一の人間としての切ない感情が初めて伝わってきて、思わず泣いてしまったのです。

この場面は、市川崑による「これで俺の作品は最後だ」という別れの挨拶として受け取った人も多いと思います。実際、長編映画としてはこれが遺作となっていますから。

ところが、石坂浩二に聞いたところ「そうではない」ということでした。実は、あのシーンで、ああいった芝居をすることに関して市川崑は反対していて、それは石坂浩二のアイディアだったというのです。

金田一は、事件を未然に防ごうとしなかったことに関して、犬神家の人たちに対して、後悔の念が強かった。劇中でも「僕がもう少し早く気づいていれば」と言っていますが、実はあれは本心でもある。いや、もっと言うと「気づいているけど、止められなかった」が正しい。それは金田一になり切っている石坂自身の気持ちでもありました。

石坂本人の言葉を借りると、「ほかの探偵と違って金田一は未然に防ごうとしない、止められなくて悔しがるけれども、その一方で止めちゃいけないとも思っている。普通の探偵だと事件が起きてもそんなに苦しまないんですけれども、彼は苦しむ。その結末がどうなるか知っているのに何もできないから。それで、最初演じた時は、足りないと思った。物語に入り込めないという苦しさを演じたかった。ですから、リメイクの時はその苦しさを演じさせてほしいと思った」という。そこで「『彼は孤独な男だ』っていうことを僕は演じたいんだ」と市川崑に言ったところ、監督は、「天使だから孤独で当たり前だろう」と返されたそうです。だから、本当は最後に別れの挨拶をするというのも、市川崑監督は、「『もうこのシリーズをやらないと思われたくない』と言って嫌がっていた」ということです。

つまり市川崑は、「まだ続けたいから、別れを連想させるような芝居はさせたくなかった」ということで、事実は逆でした。でも石坂浩二は、「事件現場に向かって、死んだ人も含めて、あなたたちと一緒に行けなくてすみませんという感じにしたかった」と思い続けます。それで撮影を進めながら、何度も「金田一の孤独を癒してあげる場面はできませんかね」と食い下がった。その時は監督は何も言い返してくれなかったそうですが、あの場面を撮影する直前で、監督が「よし、撮ろう」と言ったという。監督もおそらく、石坂浩二に言われながら悩み続けたのでしょう。そして最終的にあのシーンになっていった。

ですから、あれは別れの挨拶でも何でもありません。「天使だから何もできなくてすみません」という、天使の贖罪。「全て分かっているのに、未然に防ぐことができなくてごめんなさい」という金田一であり、それに入り込んでいる石坂の気持ちの現われでした。

あの1シーンを観るためだけでも、リメイク版『犬神家の一族』は価値のある映画だと言えます。

第三章　石坂浩二による、市川崑の謎解き

筆者は二〇一五年二月に石坂浩二にインタビューしている。これは、毎回ベテラン俳優たちにその役者人生をうかがう『週刊ポスト』の連載「役者は言葉でできている」のためで、この時は石坂のデビューから今に至るまでの軌跡について取材した。その中で『犬神家の一族』を含む金田一シリーズの話にも触れており、第二章に登場する石坂の証言は、その時のものだ。

その後、二〇一五年四月と五月に『ＷＯＷＯＷぷらすと』にて市川崑の監督人生と『犬神家の一族』をそれぞれ語るにあたり、自分の中での視点がさらに定まるのと同時に、新たな疑問も生じた。そこでこの書籍化にあたり、これまでの二章で筆者が分析し

てきた市川崑の美意識は実際にどのようにして撮影現場に反映されていたのか――その実態を石坂浩二に語ってもらうことで、「映画監督・市川崑」の演出術の謎を改めて具体的に解き明かしていくことにした。

頭から終わりまで、何度も撮る

春日　市川崑監督といいますと、カットを細かく重ねていくという印象があります。あれは、どのように撮られていたのでしょう?

石坂　最初にお仕事をさせていただいたのが、コマーシャルの撮影でした。一緒に仕事をさせていただく前から、「一つ一つの絵を積み重ねて撮っていく監督」というようなことを僕は聞いていましたので、その時に市川さんの台本をこっそり覗いたことがあるのですが、そこに一コマずつの絵コンテが書いてあるんです。いっぱい書いてあるんですけれども、じゃあそういうふうに撮っているのかなと思ってみると、実はその1カットの画を欲しいためにその前後の芝居も延々と撮る。短いカットでも、その画だけを撮るわけじゃないんですよね。

そういう撮り方は、コマーシャルではよくあります。あるシーンを頭から終わりまで全部撮って、それから途中のアップとかを後で撮っていくという。なので、別にそんなに不思議には思わなかったんですけれども。

ところが映画になった時にも、それをやる。まず頭から終わりまでずっと1シーンを丸ごと撮るんですよ。それから、今度はレールを敷いてカメラを移動車に乗せて、また頭から終わりまで撮る。途中に長台詞がある時は大変です。長台詞って一回言うと、頭からふっと抜けちゃうんです。舞台の場合は心構えができているせいか、そういうことはないんですけれども、映画やテレビドラマだと忘れてしまう。

ところが市川さんは「それじゃ、今度はここから撮るから」と言うんで、その1カットだけを撮るのかなと思っていると、「頭から」と言ってくる。最初は戸惑いました。「えっ、頭から？　頭からですか」って。

スクリプターの方がすごく大変ですよ。また頭から撮るといっても、こちらの動きは全く同じにはできませんから。それで、「さっきは右手を挙げていました」とか注意を受ける。こちらは「ええっ、そうだったたっけな」って。

春日　その時の感情で芝居の動きは変わってきちゃったりしますからね。

石坂　そうなんですね。それから自分がどういう形なのかということを意識はしませんから。それである時、監督に、「あまり余計なことをしなさんな」と言われたんです。

春日　余計なこと……？

石坂　手を使って芝居したりとかね。「ここで手を挙げろとか咳をしろとか、わしが言うから。余計なことは一切、自分でしなさんな。ほとんどつっ立っていればいい」って言われて。たしかに、それが一番安全なんですね。その方が画がつながるので。

松子との対決の裏側

春日　『犬神家の一族』の場合は、たとえば高峰三枝子さん扮する松子相手に一対一で最後の謎解きをやる場面を筆頭に、異常なカット割りだったような気がします。会話のやりとりをしているのに、編集によってそれを切り刻んで、会話のリズムがバラバラに解体されているといいますか。ああいった場面は、どのように撮られていたのでしょうか？

石坂　あのくだりは、いろいろなアングルで頭から終わりまで何度も通して撮ったんですよ。あの時も僕はあまり動いていないと思うんですけれども、たしか咳をするというのは一つやらされて。それはどのアングルから撮る時でも、そこで咳をしていました。

『獄門島』撮影時の市川崑と石坂浩二（写真提供・朝日新聞社）

あのシーンは五、六カ所から撮ったと思います。移動車も使いました。だからよく見ると、カメラが少し動いている画もあります。それによって「金田一は真相を全て知っているんだな……」という松子の心の動揺がだんだんと伝わってくる。ただ最初はごく普通な距離感で、「ぽわっとしていていい」みたいなところから始まります。ですから、あまり緊張感のないような画も、やはり同じ角度で頭から終わりまでずっと撮りました。

春日　細かく割って撮っていったわけじゃなくて、初めから終わりまで角度を変えて何度も撮ってから……。

石坂　編集の段階で切ったんですね。

春日　どうやってこのシーンを撮っていたんだろうと思ったんですけれども、撮るだけ撮ってから編集していったわけなんですね。

石坂　そうですね。本編の十倍ぐらいフィルムがあるんじゃないですか。

春日　同じ芝居を何度も演じなければならないわけですから、役者さんは大変ですね。

石坂　そうなんです。シーンの頭から終わりまで撮って「はい、カット」と言われて「ああ、このシーン終わったな。今度はアップの抜きを撮るのかな」なんて思ったりすると、「今度はこっちからもう一回」って。「『金田一です』と言って部屋に入ってくるところからやるんですか」と聞くと、「そう、入ってくるところから」って。

春日　そうなると広間で遺言状を開くシーンであったりとか、最後に全員を集めて謎解きを披露する場面とかはさらに大変ですよね。大勢になってきますから。

石坂　あれは意外に、そんなに多目に撮りませんでした。一番しつこく撮ったのは、あの最後の松子さんとの場面です。

春日　あそこがやっぱり一番大事なシーンだというのが監督の中にあったんですね。

石坂　そうですね。松子さんが広間へ行ってからは意外に楽だったんです。松子さんが最後に倒れるところまでは割と普通に撮っていました。

春日　松子さんとの一対一の場面は、会話のリズムも独特でしたよね。今までの映画では観たことのない間といいますか。金田一が語っているのに、松子さんが食い気味に金田一の台詞に対して割って入ってきたりとか、それに対して息つくことなく金田一が反論したりとか。

石坂　そうですね。監督の説明は、「シーンの頭では金田一はどんどんと言っていって、そのうちに相手が自分を認めたのが分かるだろう。『よくあんた分かったわね』みたいなことになる。その時からはちょっと芝居が変わるんじゃないか」ということでした。

それを僕も考えて、頭は畳み込むようにやっていたと思うんですよ。それで途中、松子さんがふっと動くんですけれども、そこのところがやっぱり、「あっ、これで手応えがあった」「自分のことを認めたんだな」となる。そこからは監督いわく「この探偵は神様だから、犯人を非常にかわいそうに思うんだ」。

彼女は罪を犯す。それも父親の代からずっと来た一つの流れの中で、どうしようもなく起きた犯罪。彼女がそのことを悟ったら、そこからは金田一は彼女のことをだんだん優しく包み込むようになっていく。

春日　そうか。それで石坂さんの声のトーン、あの場面でちょっと変わっていっているんですね。

石坂　そうなんです。

春日　あと、最後のところで皆さんを集めて事件の概要を最後に説明するところがありますけれども、あそこはどういう意識で演じられていましたか？

石坂　あそこになると、もう感情がないんですよね。

春日　感情がない……？

石坂　どう言ったらいいのかな。あそこの前の松子さんとの対決がなければ、もっと興奮して説明するんでしょうけれども。さっきも言ったように、犯人は既に全てを悟ってしまっている。さらに死んでしまう。死ぬのだって、金田一は「しまった」なんて言っているけれども、そうなることをあらかじめ知っているんじゃないかなと僕は思っているんです。あれは彼女が死なないと解決がつかないんです。変に警察沙汰になってみても意味のないことですから。

そういう意味では、最後の場面はナレーションというぐらいの気持ちでやりました。それに対するいろいろな人たちのリアクションのほうが大事だと思っていましたから。

春日　ああいうシーンって、一つ間違うと、映画的には退屈になってしまいがちなところがあると思うんです、ずっと長台詞で事件を説明するわけですから。そこはどうお考えでしたか？

石坂　いや、僕はあまり。もう監督に預けていましたから。たとえば高峰さんとの対決の場面でも、市川さんは僕だけにお話しになったんですよ。「全てを金田一に知られているということに松子が気づいてくる。そこをお前は芝居で感じろ」ということだと思うんです。だから僕は高峰さんの芝居を観察しながらずっと喋っていました。

春日　そこは石坂さんご自身が、演じながら金田一の目線になっているわけですね。

石坂　そうならざるを得ないですね。「感じないと大変なことになるぞ」と監督に言われていましたから。

実践的な演技指導

石坂　それから、アップの時に瞬きをすると、そこでカットがかかる。「スクリーンに大きく顔が映るのに瞬きなんかすると、それで一つの芝居になって新しい意味が生まれる。だから、だめなんだ」と。ところがベテラン俳優の方だと、瞬きしてもＯＫなんですよ。どうしてか聞いてみたら、「あれ、ちゃんと芝居しとるよ。芝居で瞬きしているよ」と。そうか。計算で瞬きするからOKなわけです。こちらは生理的にやっているからダメなんですね。それによって、監督の狙いと異なる意味が生じてしまうので。

春日 なるほど。瞬き一つにも理由が必要なわけですね。

石坂 そうなんですよね。どういう動きをすると、どのように画として映るか。市川さんはそこから逆算して俳優に演技指導をしていました。

たとえば『女王蜂』で中井貴恵さんが初めて映画に出演された時、胸から上ぐらいしか映ってない場面があったのですが、監督は「足踏みしていなさい」と言うんですよ。それで、彼女は座っていても足踏みしている。すると肩とか頭が微妙に動く。ただ座ったまま台詞を言うと体は動かないんですよね。「土の塊じゃないから動けよ」というようなことを普通の監督は言うんですけれども、市川さんはそういうことを言わないで、「足踏みをしろ」と。より実践的なわけです。それで、「この台詞の時に足踏みを止めなさい」と。それによって、相手から何か言われた時にふとした反応をしたように観客には見えるんですよ。

春日 そこまで計算ができているんですね。

石坂 そこは本当に凄い。市川さんは、いつもそういうダメ出しなんですね。それから、演出家って、外国では実際に演技をやって見せますが、市川さんも俳優が上手くいかない時は、ご自身でお手本を演じてくれます。それがまた、お上手なんですよ。

春日　画にこだわる監督というイメージがありましたが、芝居もちゃんと作られていくんですね。

石坂　そう。こちらはそれを見て、「あっ、こういうふうに役柄づくりをしていくんだな」ということが分かるので、大変に勉強になる。面白いのは、人によって違うことをおっしゃっているんですよ。僕には「動くな」と言っているのに、中井さんには「足踏みしろ」とおっしゃるし、別の人には「そこでちょっと左手を振ってみたらどうか」とか。アップで割と大きく映っている時にちょっと左手を振ると、顔もちょっと動く。その感じを求めているんですよね。

春日　画でどういうふうに見えるかということから逆算して、映っていないところの動きまで考えているんですね……これは凄い。

石坂　そうなんです。この台詞は照明のこの辺で言う……ということも全て計算されています。「大体この辺にいろ」という演出家がほとんどですが、市川さんは「ここで何歩で歩いて、ここのテーブルにちょっと手をかけて」と言われる。すると、そこの位置の照明がちょうどいいんです。それから、「ここでちょっと手をかけて相手を覗き込んでくれ」とか。そうすることで、止まった時と覗き込んだ時で顔のあたりの映り方ががらっと変わったりするんですよ。

でも、その種明かしはしないんです。「なぜ、そうするか」という説明はなさらない。

春日 照明もそこまで計算してセッティングされているということですね。

石坂 照明に凄く時間をかけていましたね。「ものにはそのものらしい照りがある。だから一つ一つがそのものらしく見える照明をしろ」とおっしゃっていました。「同じ金色でも、襖の金と金の器では見え方が違うだろう。襖はやわらかい金やろう、器は硬い金やろう」って照明に言っている。

春日 確かに、市川監督の作品は美術とかセットや小道具といった背景が際立って映っている時があります。

石坂 『炎上』の時のお寺の床とかね。あの光り方が、下手にやったら全部光っちゃうんですけれども、本当にうまいぐあいに光っていて。雷蔵さんが歩いていくところが影になっていたりとか。「ああ、これはきっと現場で細かく指示を出されたんだろうな」と後になって思いました。ただ、最初に観た時にはそんなからくりは気がつきませんんでした。

春日　よく市川崑監督の現場は時間がかかると伺いますけれども、そういうところなんですね。

石坂　はい。照明です、一番かかるのは。

坂口良子の才能

春日　今、演技指導の話が出てきたので、今度はそこを伺いたいのですが。

『犬神家の一族』の時は、金田一のリアクションが印象的でした。たとえば菊人形に生首が置かれているところで驚かれていますが、もの凄く派手にやられていますよね。あの辺というのはどういう指示があったんですか？

石坂　あれは「お客さんのリアクション」なんです。「お客さんが驚く場面では金田一も驚け。お客さんがイジイジする所では金田一もイジイジしろ」というのが市川さんの考え方でした。金田一が頭をかくところもそうです。「お客さんが『うーん、何でだろう』と思う時に、お前も頭をかけばいい」と。

春日　観客と一緒に動いているわけですね、金田一は。

石坂　それで加藤武さんには「お客さんが『うーん、どうなるんだろうな』とのめり込んできたところで、それを壊すように軽い芝居をしてお客さんがそこで笑う。それでいい」と。

春日　そこでバランスをとっているわけですね。それから『犬神家の一族』で言うと、加藤さんもそうですが、坂口良子さんとのコミカルなやりとりというのがもの凄く印象的でした。

石坂　坂口さんには感心しました。金田一が一番最初に旅館へ来た時に「宿帳に名前を書いてください」というシーンがありましたよね。あれは監督がまず手本をやって見せているんです。「書いてください」と言いながら、スリッパ置き場へ行ってスリッパを二つ出してパンパンとはたいて置いて、靴箱のところへ行く。それで戻ってきて、金田一の書いた宿帳をじっと覗き込んで「汚い字」って言う。それを監督がやると実に軽妙なんですね。そして、監督がやって見せたら、坂口さんはそれを一発でできたんです。

監督は彼女を気に入って、その後の作品でも使いました。でも二作目の『悪魔の手毬唄』では出演がダメで。「今回は坂口さんが出てくれないんだよ、残念だなあ」と市川さんもおっしゃっていました。彼女の芝居はコミカルには見えないんですけれども、非常に軽いんですよね。

春日　そういう軽さというのは、あのシリーズの中で市川崑監督は重視されていたということなんでしょうか。

石坂　そう思いますね。旅館で働いている仲居さんだから、そんなことは毎日やっていること。金田一なんかを丁寧に扱う必要はなくて、スリッパも乱暴に目の前でパンパンとはたいていい。人が宿帳に名前を書いている真横で、はたくんですから。そういうおかしさなんですよね。そういう軽さは、段取り的にしか演技できない人にはできません。

金田一は時代遅れの男

春日　坂口さんとのお芝居では、『犬神家の一族』での食堂のシーンも素晴らしいですよね。金田一は坂口さんに「食べなさい、食べなさい」とうどんをすすめながら、食べようとしたら質問をぶつけてしまって彼女は食べられないという。

石坂　あれは監督が「金田一は金田一で人のことは全然気にしていない。あることを思いつめたら、どうでもいい人間になっちゃう」という指示によるものでした。

そもそも、あの衣装自体もそうですよね。人にどう思われるかを全然気にしていないから、ああいう服装ができる。当時としてはあれは多分時代遅れだろうと思います。原作の挿絵に金田一が描かれているんですね。それはもう少し柄のあるものを着ているんですけれども、それも監督が「そうじゃない」と。「金田一は、いつの時代でもちょっと遅れている感じ。戦後すぐであんな格好しているやつはいない。あれはもっと前の流行。あいつは戦争からずっと何も気持ちが変わっていないんだ」とおっしゃっていました。

春日　金田一は流行だったりとか、世の中というのに全く流されない人間だということを衣装でも表現していたんですね。

石坂　そう。だから周りから浮いていても構わない。

春日　なるほど。それで、そういうちょっとトボけた感じが出ているわけですね。

石坂　気にしてないから、いいんだよって。「寝る時は？」と言ったら、「寝る時はそのまま寝るんだ」ということで、そのまま寝ることになりましたから。「寝間着なんか着ないよ」みたいな。

若山富三郎と岸惠子

春日　二作目の『悪魔の手毬唄』では、『犬神家の一族』の時と金田一の芝居を変えていこうとか、あるいは一作目を踏まえての演技プランがあったりしましたか？

石坂　一番の違いは、一作目は「金田一という役」をやろうやろうとしていたところがあったと思うんですね。で、二作目になると、その枷がとれたんですよ。なぜかというと、「初めて原作どおりの格好をしてやった金田一だった」とか、いろいろな媒体でそんなふうに書いていただけたので、二作目になるともうあの格好だけで随分許されているようになった。本当はいけないんですけれどもね。甘えじゃないんですけれども、そういうのもあって、凄くリラックスできたというか、自由にできるようになった。監督も、前に比べたら僕におっしゃることが随分と減りました。

春日　『悪魔の手毬唄』は、若山富三郎さんが磯川警部役で出ていますよね。それまでの若山さんは強面のアウトローの役が多かったんですが、ここで全く違う役を演じています。若山さんに対して市川監督はどういう感じで演出されていましたか？

石坂　市川さんがやっぱり凄いと思うのは、若山さん相手でも全く変わらないところです。これは森繁（久彌）さんにもそうでした。後々『四十七人の刺客』をやった時に「繁ちゃん、台詞を覚えとるか」って。そうすると森繁さんもさすがで、「このスタジオはね」と返していました。
若山さんはよく僕に意見を求めてこられました。「今日はあそこのところ、うまくいったかな」「凄くよかったと思うんですけど」「いや、そんならいいけど、何かな、一つ引っかかっていて」というようなことがよくあって。
春日 凄く一生懸命だったんですね。
石坂 そうですね。たとえばちょっと偉くなると、「うん、もう一度」とか、「ここで終わろう」とか自分から言ってきたりするのですが、そういうことをなさらない方ですから。割と雰囲気でお芝居をなさる方で、「うまいな」と思ったのは、人懐っこそうな芝居。これはどこから出てくるんだろうかと思うんです。それまではその真逆の演技をずっとやっていらしてましたから。
春日 若山さん、恐ろしい男をずっと演じてきましたからね。
石坂 今までと逆の演技というのをやっているということは、今まで積み重ねてきたことを否定していかなきゃいけないということでもあります。ということは、これまでの自分を否定する気持ちが若山さんのお腹の中に溜まっていたんじゃないでしょうか。そういうものが、この作品でうわっと出たんじゃないかな。岸惠子さんとのシーンでの、何かもじもじしているような演技、「ああ、いいな」と思いました。

春日　少年みたいな雰囲気がありました。

石坂　そうなんです。

春日　市川崑監督と岸惠子さんは長いコンビですが、『悪魔の手毬唄』の時はどういう感じでしたか？

石坂　あの役に関しては、市川さんは随分いろいろな方を考えたみたいなんですよ。でも「何回いろいろなことを考えても、頭に浮かぶのは岸惠子なんだ」って。それでついに「惠子ちゃん、悪いけど……」って電話したようです。

春日　そのぐらい市川崑監督としては岸惠子さんを信頼していた……。

石坂　……と思いますね。すごい信頼感だったと思います。

葛藤を抱えながら

春日　この後『獄門島』『女王蜂』『病院坂の首縊りの家』という形でシリーズ化されていくわけですけれども、そうした中で金田一の役柄というものをまた改めて考えたりとか、新たに見えてきたこと、あるいは変えようとしたことはありましたか？

石坂　あの五作には共通性があります。全部、先祖からの因縁とか、縦に来る関係なんですね。原因と結果が時間を軸に展開される。そういう意味では、探偵が推理する上では易しいはずなんです。でも、金田一はすぐどこかに行っちゃう。それで「どこそこ行って話を聞いてきました」って戻ってくる。

　でも、どこかに行って分かってくる段階が脚本の中ではほとんど描かれてないんですね。何も知らない段階から、いきなり全てを知っている段階になる。だんだんと事情が分かってくるという展開でしたら、たとえば加藤武さんとの会話の感じも変化のさせようがあるのですが、二人はいつまでたっても同じようなやりとりをやっている。

　そのことに三本目ぐらいに気がついて、「ああ、過程が描かれてないな」と思ったので、そこのところは何か少しずつちょっと変えようかなというふうなことは考えましたけれども。「どこそこ行って、こういう話を聞いてきた」の前に何か一つ欲しかったんです。

　それから、金田一は事件の真相が分かれば分かるほど、結局はつらくなるわけですよ。既に事件が起きているし、自分がいる間にもどんどん進んでいるし。でも、『犬神家の一族』の時はそういうことにあまり疑問を持たなくて、最後の最後で「犯人は気の毒に」というところがようやく分かる。でも、金田一は本当はもっと前から分かっていなきゃいけなかったと思うんです。そういう感じをもう少し出せればよかったかなという反省があったので、三本目が終わってからそこは意識するようになりました。

春日　やはり葛藤を抱えながら、石坂さん御自身はシリーズを進められていたんですね。

石坂　というか、『犬神家の一族』の時、監督は「これ一本だ」とおっしゃっていて、それが「あれ当たったからもう一本やるらしいよ」と、二本目をやることになって。そうしたら二本目もヒットしたので、次もやろうとなった。二本目の時に「これで終わり」というつもりだったんですけど、また三本目もやることになったので、「もう三本でいい」と言ったんですけれども、結局四本、五本とやることになったんですよ。

スタッフの出演

春日　もう一つ伺いたかったのは、『犬神家の一族』も『悪魔の手毬唄』もそうですけれども、三木のり平さんの奥さん役はたしか……。

石坂　カズさん。

春日　スタッフの方ですよね。

石坂　あの方は結髪さんです。あと宣伝部の方も出ていますし、照明部の方も出ているし、スタッフの出演者は多いんです。

春日　そういう人たちを演技させる時は、市川監督はどういう演出を？

石坂　凄く嬉しそうですよ。みんな硬くなってあがっていると、「何とも面白い」って。ブンちゃんという照明部のスタッフが『悪魔の手毬唄』に出て、「ねえちゃん、お湯が水だよ」という台詞があるんですけれども、最初のカットで「ねえちゃん、水がお湯だよ」って言っちゃったんですよ。「あっ」とか言って撮り直したんですけれども、結局使ったのは前のNG分です。ですから、逆さまに言ったのが残っています。

春日　その間違い方が面白かった、と。

石坂　たどたどしくてよかった。

春日　監督のほうで彼らに演技の指示とかはありましたか？

石坂　「ぱっとやればいい」とか、そんなことですね。かわいいのは、『犬神家の一族』の時にカズさんは前の日からあがっているんですよ。のり平さんの相手役に決まっちゃっていましたからね。本当にカチカチになっているんで、最初はのり平さんの横にくっついてくるだけでした。それから『悪魔の手毬唄』の時は、本をのり平さんに投げるシーンがありますが、「もっと乱暴に投げて」とか監督に言われてました。それ以上を言うことはあまりなかったですね。

それから『獄門島』では床屋さんに髪を刈られているところに、「お母さん、私が代わるから」って坂口良子さんが帰ってきて言うと、「よかった」という人がいるんですけれども、あれはアカザワさんという照明の人です。髪は本当に切られたんです。半分切られた。「半分だけで途中止まっていろ」と監督に言われてましたから。さすがにそのままというわけにはいかないので、次の日には丸坊主にしていましたけれどもね。

春日　スタッフさんとか素人もうまく使っていたんですね。

石坂　役者としてちょっとでも出ると、その分ギャラが出るんですよ。それはその人にとって一応励みになる。それで「この金でみんなでぱっとやろうか」となって、本当に一家みたいな間柄になるというのはあります。

『細雪』と谷崎の耽美

春日　金田一シリーズが終わったところで、『細雪』になるわけですけれども……。

石坂　実は『細雪』の原作を僕は読んでなかったんですよ。あまり読もうという小説じゃなくて。それで実際に読んでみたら、自分が思っていたよりは、はるかに面白い小説だったんです。「ああ、そうか、これが谷崎さんのよく言われる耽美主義か」と。純粋に人が人の美しさに惚れていく。心と心の問題じゃないんですよ。そんなことを言うのは生意気かもしれませんけれども。

谷崎さんの小説って「美しい」という言葉で表現できるんですよね。もちろん内面の問題もすごく大事だけれども、読んでいくとやっぱり外側。描いているのは、何かこの世のものとも思えないような美しさなんだろうなという気がします。読者を酔わせやすい小説だなと思いました。だから葛藤というのではなくて、もう「三女が好きだ」というのを表面的に。感情としては、ただ「好き」でいいんです。

春日 三女の美しさにひたすらはまり込んでしまうという……。

石坂 もちろん。それで「結ばれたら……」と思ってしまう。

春日 この作品に関しては市川監督からは何か指示はありましたか?

石坂 市川さんは、「船場《せんば》という社会が、関東の人間はよう分からんやろけど、あそこは特殊な世界で、もう全く我々の想像もつかんようなところだ。言ってみれば『桜の園』みたいなものなんだ。ああいう落ちぶれていった貴族、そういう匂いが出ればいい」とおっしゃっていましたね。

僕が舞台をしてきたからそうおっしゃったのかもしれないんですけれども。でもその後で「わしゃ、よう知らんけどな」みたいなことをすぐおっしゃるんですよ。すぐ逃げるんですよ。「言わなかったことにしてくれ」ってなっちゃう。

春日　なぞかけをしてくる感じなんですね。

石坂　そうですね。ヒントをたくさんというか、監督の頭の中に浮かんでいることをいろいろとおっしゃってくださるんですけれども、役者はそれを今度は自分の中で洗ったり磨いたり削ったりしながらやっていかないといけない。

春日　それを踏まえて石坂さんとしては、どういう意識で演じられましたか？

石坂　僕の役はあの社会にもともといた人間ではない。たとえば彼のいた世界というのは、どちらかといったら近代化されつつあるところで、そこから船場に来た。行った時には、一つの滅びそうになっていくものに惚れたんですよね。だからあの中に入り込もうとしていって、表面の美しさに囚われていく。四姉妹みんなを好きだったのかもしれない。そうした中で次女と結婚した。そして、ますますその世界というのがわかってきた時に、三女が「崩れていく中の一輪の花」みたいなものに見えてくる。それで、装飾の文字を彼女の周りに並べたみたいなことになっていったんだと思うんですよね。だから最後は、自分自身とも決別をしているんだと思うんですよ。ああいう時代遅れの社会を愛してしまった自分との決別。そして、そこと別れなくてはいけないということでもある。

春日 それも含めての、ラストシーンの涙ということなんですね。

石坂 『細雪』という小説自体が、やはりそういうものに対する決別が描かれていると思うんです。「谷崎さんがお書きになるものは全て、古き日本の美しさからの決別の小説なんだろうな」と、一作しかやってないのに勝手に思ってしまった。

『細雪』ファーストシーンの裏側

春日 石坂さんの役が吉永小百合さんの演じる三女のことを好きだというのは、ファーストシーンで既に伝わってきます。

石坂 そうなんです。だからもう出ているんですよね、最初から。

春日 あのファーストシーンもカット割りが目まぐるしくて凄かった。

石坂 あれはねえ、忘れもしないですよ。何日撮ったんだっけなあ。監督の希望は、

「部屋の外は満開の桜。それが障子越しにうかがえる。そして、その満開の桜を通った光が畳に映えている」というんです。だから、畳がほんのり桜色に映らないといけない。

でも、昔はモニターですぐに見るわけにいかないので、どういう色に映っているのかを確認するのに時間がかかるんですよ。撮って、フィルムを焼いてようやく次の日にラッシュで確認できる。すると、画面には紫色で映ってるんです。「だめ。紫じゃない。桜は紫じゃない」と。そうすると、スタッフは「現場ではピンクっぽく見えたのになあ」って。フィルムの特性とかレンズとか、人間の目とは全然違うんですよね。それであのシーンだけ、朝行っては撮って……。一週間ぐらい撮ったかな。

春日　では、あの家族役の皆さんが一週間ずっと集まって……？

石坂　そうです。中でもダメ出しの出たカットが、僕が「きれいに食べるね」って吉永さんに言うカット。あの時吉永さんのバックに障子があるんですよ。そこの照明の色合いが上手くいかなくて。シーン全体の撮影はOKになったんですけれども、部分的にダメで。最後には、「短いカットだから、そこの芝居だけやればいい」となったのですが、それでも「相手役が要るからな」と言われて。僕は障子を背負ってなかったんですけれど、ずっとその撮影に参加していました。

春日　そこまで徹底してこだわったわけですね。

石坂　市川さんは「この作品ではここだけは」とこだわり抜く場面が必ず一カ所か二カ所あるんです。たとえば『犬神家の一族』のあの大きな広間は、金の襖だけで三回ぐらい撮っているんですよ。まず最初は、見ただけで「ダメ」。「いくらこんなものに光を当てたって、金には見えへん」って帰っちゃったんです。

春日　ええっ！

石坂　それで美術監督が、「これはしょうがないから金箔を張るか」という話になって。で、次は照明を当てても当てても「ダメ」。で、撮ったら撮ったで、今度は「これは金には見えない」。で、また撮り直して。これが二日目か三日目ぐらいでOKになった。

春日　ですから三國（連太郎、佐兵衛役）さんが亡くなるところは大変でした。

石坂　ああ、襖が映っていますね。あそこは短いシーンですけれども、そこまでかかっていたんですね。

春日　三國さんはそこに寝ているだけなんですよ。

石坂　そこに高峰さん以下、みんな集まって。

春日　そう。アップやなんかはOKなんですけれども、襖が映り込むところでNGが出る。「ああ、金って映らないんだな」と思いましたね。市川さんは「襖なんだから、金でも金属の金じゃない」とおっしゃっていました。

春日 そうか。素材によって光り方が違うわけですね。

石坂 ぴかぴかして、金の板が張ってあるみたいなのではダメなんです。

春日 紙の質感というか、やわらかさが違いますもんね。

石坂 そうです。質感には凄くうるさかった。

女優を美しく撮る方法

春日 『細雪』ですと、吉永小百合さんがとても綺麗に撮られていました。ただ綺麗なだけでなく、もう恐ろしいぐらい魔性の存在として。

石坂 そうですね。小説の中のちょっと耽美的な、自分で自分の美しさにふけっているような、妖しげな感じがすごくよかったですよね。

春日 ちょっとナルシシズムに近いような。

石坂 そうですね、ええ。

春日 その辺は市川崑監督はどういう形で吉永さんを演出されていたんですか。

石坂　分からない。でも、聞いたのは、「すーっと立った時の足」というのはおっしゃっていました。

春日　足……ですか。

石坂　はい。

春日　足の運び方とか？

石坂　いや。止まった時の足の形。それは皆さんにも言っていましたよ。佐久間（良子）さんにも言っていたし、古手川（祐子）さんにも言っていた。「足先をほんのちょっとくっつける」、あるいは「体に対して足先がちょっと内側を向いている」とか。「女性が着物を着ると足がすごく目立つ」とおっしゃっていました。

それと、あとは着物を着た時の胸元の緩み方。「それが色っぽさだから」って、市川さんは後ろから帯を引っ張っていましたよ。「もうちょっと緩めてくれ」と。そうすると、胸元がふわっとなるんです。

監督がおっしゃっていたのは「着物のエロティシズムというのは、そのすぐ下に女性の裸があるというのが分からなきゃいかん。欧米では服をどんどん重ねて着てそこを分からなくなるのがいいんだけれども、日本の着物は上からフっとまとっただけなんだ。

だから見ていてゾクっとする。それがいいんだ」と。

春日　それが映像になった時、女性のエロティシズムになってくるわけですね。

石坂　そうですね。だからそれがすっと出るような意味でも立ち方が大事だと思います。

春日　なるほど。何か薄衣というか、ふわっとしたものを身にまとっているような感じなんですね。そうすることで、観ている側は本能的にその後ろ側に女性の裸体を……。

石坂　そうそう。そう感じさせなきゃいけない。

春日　女優さんはそれを感じ取って、そこをまた演じている。

石坂　だと思いますね。立った時に、やっぱり女性としてきれいなのは、ドンと突っ立っているよりは、どちらかに腰をひねったほうが色っぽいじゃないですか……じゃないですかって、僕が勝手に思っただけですけれども。

春日　「見返り美人」だとか、浮世絵での女性の体勢がまさにそうですよね。

石坂　そうですね、崩すことによって美しくなる。

春日　今の若い女優さんが着物を着ると、どうしても電柱みたいに真っ直ぐに立つことがありますけれども、それだとエロティックに見えませんもんね。

石坂　それを市川さんの現場でやったら怒られるでしょうね。

『細雪』ラストシーンの涙

春日　『細雪』はラストシーンも素晴らしかったです。三女は嫁ぎ、長女は家を売って東京へ。みんなバラバラになったところに、石坂さんが小料理屋で一人飲んでいて、細雪を見ながら涙を流すという……。

石坂　あれは丸々二日間かかりました。泣く時には僕の前にある壁を外して、カメラがスタジオの外に出て、大きなレンズをつけて望遠で撮ったんです。おかしいのは、僕の脇で助監督がうずくまっていて、ハンドトーキーを持って「もうじき出ます」と言いながら、僕の涙が出るのを待っているんですよ。「はい、出かかりました」と言うと、向こうのほうで「よーい、スタート」って聞こえてくるんです。

春日　それだと、なかなか演技に入り込むのも大変ですよね。

石坂　ええ。一日目に何回かやったんですけれども、最後の方でちょっと目が赤くなってきちゃったんです。それで「今日はやめや」と言って、次の日にラッシュを見たら、「映ってへんな、涙が」ということになって、中一日置いて、また同じことをやったんですよ。

春日　泣き方というのもあったわけなんですね。

石坂　いや、光の問題でした。照明だって監督はおっしゃっていました。「照明が悪いから涙が映らなかったんだ」って。

春日　涙の光り方ということですか？

石坂　あまりピカピカ光るのは、わざとらしい。ふわっと見えるのがいい。だから遠くから望遠で狙って、あえて描線をふわっとさせたわけです。そこに描かれているのは彼の悲しみだけじゃないんですよね。あの家が崩壊していくことに象徴される時代の流れ、そして戦争の足音が聞こえる……みたいな。

ただ、そういうものに使われる役者はかなわないですよ。もう寂しいですからね。だって、スタジオの中に小さいセットを建てて、助監督と二人きりでいるわけでしょう。そいつは人の顔をじっと眺めているし。「出そうです」ってね。「何を言っているんだ、こいつ」と思うんだけれども、そんなこと思っちゃったら涙も出なくなるので。

春日　その中で集中していくのは大変ですよね、役者は。でも役者の生理より、映像としてどう映るかということを市川崑監督は大事にしていた。

石坂　そうですね。本当にそうだと思います。一つ一つの画に意味を一つ一つ持たせていって、それを積み重ねていって一つのメッセージを作っていく。

『ビルマの竪琴』リメイク

春日　この後、『おはん』を経て『ビルマの竪琴』になっていくわけですけれども、市川監督は前に安井昌二さんと三國連太郎さんでやった大傑作がありますが、これをリメイクするということになるわけですね。

石坂　これは市川さんの奥様に対する一つの追悼の意味があったと思います。「前の作品は夏十さんの想いに十分に応えられなかった」とおっしゃっていたんですね。「役者さんもみんなすばらしかった。だけど自分の力が足りなかった」と。

春日　どこが足りなかったのでしょう。

石坂　分かりません。我々みんなで「前のを観たい」と言ったら、「観るな」って言われたんです。だから僕は以前に観ていた記憶だけしかなくて。

春日　あの時は三國さんがかつて演じた隊長の役を石坂さんがやられるわけですけれども、監督としては三國さんのやった芝居は意識しないようにということがあったんでしょうか。

石坂　うーん、そういうのもあるかもしれませんね。意識というよりも……うーん。真似じゃないんですけれども、観てしまうとそこから入っちゃうかもしれないというのはありますよね。

春日　やはり、そこから離れないといけないという。

石坂　ええ。それから『ビルマの竪琴』をなぜもう一度撮るかということに関しては、監督がはっきりはおっしゃらなかったんですけれども、「自分はいわゆる戦記物に影響を受けてはいるけど、これは実はそういう話では全くない。戦争は戦争だけれども、やっぱり人間の心の問題だというのがあって、戦争がどうのこうのということじゃなくやりたい」とはおっしゃっていました。

春日　戦争じゃなくやりたい……？

石坂　反戦映画にしたくない。多分そういうことだと思うんですよ、あまりはっきりおっしゃいませんでしたけれども。

春日　そこはオリジナル版での和田夏十さんの脚本もそうでしたね。クールで客観的な視点で描かれていて。

石坂　市川さんと戦争の時の話をしたことがあるんですが、僕が覚えているのは、「あんたは戦争なんか知らんやろう」というから、「知りません。だけど、うちも東京に住んでいて三月十日の空襲にも遭ったし、毎晩空襲警報を聞いていた。だけど戦時中と戦争が終わった後とで家族の中でのいろいろなやりとりなんかが変わったかというと、変わってないんですよ。ほとんど日常そのままだったんです。戦争だからって、『戦争』って顔をしている人は誰もいなかった。兵隊さんも歩いていましたけれども、普通の顔で歩いていました」と話したことがありまして。

春日　なるほど。軍人だから特別ということではなかった、と。

石坂　戦争物っていうと、どうしても軍人を非人間的に描かないといけないみたいなところがあるんですけれども、やっぱり人間と人間が戦っているんだということを前提にして撮ると、視点はクールにならざるを得ないんじゃないでしょうか。

たとえばアメリカがベトナム戦争なんかを撮ると、どうしてもアジテーション的なところがありますよね。反対する方はもちろんそうだし、肯定側も「やっぱりアメリカもやらなきゃならなかったんだ」というような何か意味づけをしようと努力しているところがある。それは第二次大戦にしてもそうですし、原爆を落としたのにしても、「落とさざるを得なかったんだ」というようなやり方をしたがる。でも、戦争映画って本当はそうじゃないというところもあると思うんです。

春日　オリジナルの和田夏十さんの脚本も、そういうイデオロギーから距離を置こうというスタンスが感じられます。

石坂　台本を読ませていただいた時には、なぜ音楽学校を出たやつが隊長をやっているんだというシチュエーションからして、「どうやって戦争を描こうか」という切り口が見えたと思いました。純粋に陸軍士官学校を出たとかではない。部隊にいる他の面々もそうです。それぞれに商売を持っていて。それで、歌なんか歌えない奴らに戦場で合唱を教えるという……これはもの凄い卓抜な考え方だと思いました。しかも、彼らの行動を批判するやつは周りに誰もいないんですから。

春日　あの場所にはあの部隊しかないわけですもんね。

石坂　そうです。だからあの隊長が自分の考えで、士気を高めてというよりも「生きて帰ろう」というか、「生き続けよう」という気持ちが強くて歌を教えていく。だから敗戦と同時に、さっと銃を捨てようとする。「みんな、これから日本のことを考えて」というメッセージを送っているわけです。そんなところも、あの原作者の心の中にはあるのでしょう。ですから、僕もそれをちゃんとやらなきゃいけないなと思いました。

春日　「生きる」ということがすごく大事なテーマになる。そうすると最後に日常を捨ててしまった水島というのは……。

石坂　水島は戦いの中で結局は自分を見失ってしまった人間です。その見失ったことを取り返すというよりも、「自分の日常はもうなくなった」ということを認めてしまう。それで坊主になるわけですよね。

春日　つまり、石坂さんの隊長は「日常に戻っていく人間」であり、水島は「戻れなくなってしまった人間」。

石坂　そして彼は、坊主としての日常をこれから先続けていくんだろうという「希望」でもあるわけです。それを隊長が理解したということだと思うんですね、あの最後の手紙を読んで。

『犬神家の一族』リメイク

春日　お二人が組まれた最後の作品は『犬神家の一族』のリメイクだったわけですが、同じ作品で同じ役をまた演じる、ということは石坂さんの中でどう受け止められましたか？

石坂　最初は監督が台本を全部書き直すとおっしゃったんですよ。それで二カ月、もっとかな、経って、その間に一回監督にもお目にかかってその話をしたりもしたんですけれども。それで、「今やっているけど、なかなか新しいのは難しい」とおっしゃっていて。それで「あの時自分のやれなかったことをやりたい」ということになりました。

最初の『犬神家の一族』では、実は夏十さんも意見をおっしゃっていたんですよ。

春日　彼女のアドバイスがあったんですか。

石坂　と思いますよ。監督は「自分の作品の脚本はまず夏十さんに読んでもらった」とおっしゃっていましたからね。クレジットには載っていませんけれども。

春日　最高の軍師が家にいるわけですものね。それで、リメイク版では改めて市川崑の色に変えるというようなことだったんでしょうか。

石坂　監督としてはやり足りなかったことも当然あるし、僕自身もさっき言ったように、『犬神家の一族』の時は本当にただやったというか、役者として役を作って……という普通の映画のやり方をしてしまったので、市川風にやらなかったところも多々あった。ですから、オリジナルそのままやるというのは、それはそれでいいと思っていました。

ただ、僕の年齢的なこととか、それから監督の体調とかを考えると、いろいろな意味で難しいかなとは思いましたね。それから今度の設定は非常に簡略化されていて、犬神家の血の流れとか、佐兵衛と恩人の野々宮神官とのホモセクシュアルな関係とか、そういういろいろなものがほとんど省略されちゃった。もっともっとシンプルなものになったんです。僕はシンプルにした監督の気持ちも分からないではないですが、でもやっぱり、何か一つ全体ではやり足りなくて終わってしまいましたね。

春日 その「やり足りない部分」というのをうかがいたいのですが。三十年も経ってのリメイクだったわけですけれども、お年を召されてやはり最初の時とは監督の演出の仕方は違いましたか?

石坂 僕はほとんどほったらかしでした。あとは新しく入ってきた方たちですよ。もうあの方たちに徹底的に演技指導をやっていたんですけれども……やっぱり通じないんですね、いろいろな意味で。それが時代の差だと思いました。

春日 通じない……と言いますと?

石坂 三十年前の人たちはみんな、監督の言うことを素直に受け止めることができました。だからやれたんだと思うんです。だけど、今の人たちというのは、そうじゃない仕事のやり方をしてきたわけだし、映画の作り方とか内容とかも違うものに触れてやってきているので、ダメなんですね。監督が目の前で芝居をやって見せて、それをその通りに演じるというようなことはやっていないと思います。

春日　はあー、なるほど。実際に監督の指導を受けても、その通りに演じることができない、と……。

石坂　監督は足が悪かったんですけれども、それでも「ここでこうなってな」とか言うんですけれども、俳優がその通りにできない。それで結局は監督が、「じゃあいいや」と。そういうのが随分とあったんです。

春日　そこのところが粘り切れなかった……。

石坂　監督が粘り切れなかったのは、時間的な問題もありました。昔はもっとスケジュールが皆さん豊かだったのですが、最近はスケジュールが非常にタイトなので、「何時までにあげなあかん」というので、いちいち怒ってられない。

『悪魔の手毬唄』かな、ある俳優さんが「お昼までに終わらないといけない」ということがあったのですが、簡単に撮れちゃうようなシーンだったのでスタッフもその事情を監督には言わなかったんです。でも、ちょっと引っかかりができて、「じゃあこの後は午後」と監督が言った時に、「実は〇〇さんは午前中までです」と初めて監督に伝わった。すると監督がめちゃくちゃ怒り出して。「わしにここまでに撮らせると決めてんのか！　おまえらが！　わしゃ帰る」と帰っちゃいまして。そのくらいかつては「スケジュールは空けておく」というのが当然のことだったんです。

春日　それこそ先ほどの『細雪』で、あれだけのメンバーを何日も拘束してファーストシーンだけ撮るような、ああいう撮影はもう『犬神家の一族』のリメイクではできなくなっていたわけですね。

石坂　三十年経つとそういうのではなくて、「朝九時から十二時まで」みたいな撮影になっていました。「昼の一時に来ますけれども三時に帰ります」みたいな俳優もいました。でも、「このスケジュールで撮ってください」と俳優側から提示するのって、監督に対して失礼ですよ。ですから、今の監督の皆さんが努力というか苦労なさっているのはよく分かります。

春日　そうなってくると、たとえば松子さんとのあのシーンとかも、撮影は……かなり短く？

石坂　富司純子さんは、やっぱり昔から映画をやられてきた方ですから、ちゃんとスケジュールは空けていました。

春日　さすがですね。

石坂　さすがです。

春日　では、あそこはやはり同じように時間をかけて撮られた、と。

石坂　あそこは時間がかかりました。

春日　それから、リメイク版はラストシーンが変わっていますよね。

石坂　最初にできてきた台本では、昔のと全く同じラストシーンだったんです。次にできた改訂稿で、最後に金田一が道を歩いているというのが増えました。監督に聞きましたら、「汽車に乗って帰ると、どうも金田一は現実の世界にあるどこかへ帰って、その後も現実世界のどこかで暮らしていそうな感じになる。そうじゃなくて、どこか分からないところへ行かせたいんだ」と。

春日　天使が、自分のいた非現実の世界へ戻っていくということなんですね。

石坂　そうなんです。分からないところから来て、分からないところへ帰っていく。それが市川さんの中での金田一でした。

黒澤明との歴史的雑談

春日　石坂さんは市川崑監督とずっと長くやられてきたわけですけれども――役者として大変な撮影も含めてあったわけですが――それでもなお市川崑監督とお仕事を続けてこられました。そうさせるだけの市川作品の魅力、演出家としての魅力はどういうところに感じられていましたか？

石坂　一つは、画面の美しさに凄く凝るというところですね。僕は舞台の演出をやっていて――こんなことを言うと生意気かもしれませんけれども――自由に演じたい人が好き勝手な場所で演じるというのは嫌いなんです。「この芝居は下手側に寄ってないと情感として伝わってこないよ」とか、「この位置に立っていたら生理的におかしいよ」とか、「この人はこっちから出たら変で、この時はこっちから出たほうがいいんじゃないか」とか、そういうことを考えながら僕も演出をしてきました。監督もそこが同じで。実に一つ一つ、画の中の下手側と上手側というのも凄く大事になさっている。

画や構図に非常に理論を持っているんですよね。照明の当たり方にしても、どっちが明るいかということにも意味を持たせる。そういう意味で、一つ一つのディテールを丁寧に演出しているというのが伝わってくるんですね。画に対する非常なこだわりが伝わってくる。

それからもう一つ。それでいながらエンターテインメントということも忘れていないことです。「わくわくするのでもいい、どきどきするのでもいい、笑うのでもいい、何かそういうものがないとあかん」とよくおっしゃっていました。

びっくりしたことがあります。ちょうど東宝の撮影所で黒澤明監督の『影武者』を金田一と並んだスタジオで撮っていたことがあるんですね。市川さんは「黒ちゃん」とおっしゃっているんですけれども、「黒ちゃんが撮っているらしいから、石坂君、ちょっと一緒に見に行こうか」「見たいですね」というので行ったんですね、隣のスタジオに。黒澤さんが座っているところに、市川さんが駆けていって「黒ちゃん、面白くするんだったら代わってあげようか」って。そんなこと、普通は言えないですよね。黒澤さんは「なんだ、うるさいな」って。凄い光景を僕は目撃したなと思いました。

春日　「面白くするなら、俺に任せろ」という自負が市川崑監督にあったというのが伝わってきます。彼の根本にあるのは、作家というよりはエンターテイナーとしての意識だったわけなんですね。確かに市川崑監督の映画は面白い。理屈とかメッセージとか、そういうものを超えて楽しめる。

石坂　そうなんです。面白いし、ぱっと観るだけで「きれいな画だな」とか思ってしまう。それだけで十分に楽しめるんですよね。

春日　石坂さんの分析や具体的なエピソードを通して、市川崑監督に抱いていた謎が解けたように思います。ありがとうございました。

【参考文献一覧】

・市川崑・森遊机『市川崑の映画たち』（ワイズ出版、一九九四年）
・市川崑・和田夏十『成城町２７１番地　ある映画作家のたわごと』（白樺書房、一九六一年）
・アルフレッド・ヒッチコック、フランソワ・トリュフォー『定本　映画術』（山田宏一・蓮實重彦訳、晶文社、一九九〇年、改訂版）
・中川右介『角川映画 1976-1986 日本を変えた10年』（ＫＡＤＯＫＡＷＡ、二〇一四年）
・映画秘宝編集部編『市川崑大全』（洋泉社、二〇〇八年）
・キネマ旬報社編『シネアスト　市川崑』（キネマ旬報社、二〇〇八年）
・別冊太陽『監督市川崑』（平凡社、二〇〇〇年）

春日太一　時代劇・映画史研究家。

1977（昭和52）年生まれ。日本大学大学院博士後期課程修了（芸術学博士）。

著書に『天才　勝新太郎』『仁義なき日本沈没』『あかんやつら』『なぜ時代劇は滅びるのか』など。

Ⓢ新潮新書

644

市川崑《いちかわこん》と『犬神家《いぬがみけ》の一族《いちぞく》』

著者　春日太一《かすがたいち》

2015年11月20日　発行
2015年11月30日　2刷

発行者　佐藤隆信

発行所　株式会社新潮社
〒162-8711　東京都新宿区矢来町71番地
編集部(03)3266-5430　読者係(03)3266-5111
http://www.shinchosha.co.jp

印刷所　株式会社光邦

製本所　憲専堂製本株式会社

ISBN978-4-10-610644-6 C0274